东华理工大学学术专著出版基金资助出版

法律与时间的对话

郑华 著

WUHAN UNIVERSITY PRESS
武汉大学出版社

图书在版编目(CIP)数据

法律与时间的对话/郑华著.—武汉：武汉大学出版社,2024.8
(2025.2重印)
　　ISBN 978-7-307-23503-8

　　Ⅰ.法⋯　　Ⅱ.郑⋯　　Ⅲ.法律—研究　　Ⅳ.D9

中国国家版本馆 CIP 数据核字(2024)第 029090 号

责任编辑:沈继侠　　　　责任校对:鄢春梅　　　　整体设计:韩闻锦

出版发行:**武汉大学出版社** 　(430072　武昌　珞珈山)
　　　　(电子邮箱:cbs22@whu.edu.cn　网址:www.wdp.com.cn)
印刷:湖北云景数字印刷有限公司
开本:720×1000　　1/16　　印张:10　　字数:162 千字　　插页:1
版次:2024 年 8 月第 1 版　　2025 年 2 月第 2 次印刷
ISBN 978-7-307-23503-8　　　定价:58.00 元

前　　言

　　本书源起于近年来公众对"迟到的正义"案例的高度关注及其对司法公信力产生的持续广泛影响。通过对近 20 年发生的近 20 例"迟到的正义"案例的统计分析，揭示了"迟到的正义"对国家法治建设的破坏，对法律权威的损害，导致法律无法及时体现及实现其终极目标——正义。目前，法学理论界主要关注的是相关案例中的冤假错案所涉的司法问题以及正义及时实现路径的探究，忽视了对"迟到的正义"所涉法理学本体论的探寻和研究。作者基于对"迟到的正义"的思考，从深层次法理学本体论出发，剖析法律与时间的关系，以揭示"迟到的正义"所反映的本质问题，即法律与时间的关系问题。法律与时间之间存在着交互作用，法律中的时间具有重要的功能与地位，并在法律运行中促进法律价值的实现。

　　首先，"时间"这一概念在不同的层面、领域具有不同的内涵与外延。时间依据研究内容与范畴的不同，可划分为一般时间与法律中的时间，一般时间中占主导地位的是社会时间，而法律中的时间分为法律规则中的时间、法律运行中的时间。本书研究的时间主要是广义的法律运行中的时间，同时也会具体论及作为法律构成要素的部门法中的时间。

　　其次，"迟到的正义"所反射出来的本质问题，即法律与时间问题，基于对这一问题的反思可知，时间是法律存在与运行的基础，时间在法律中具有重要的作用、功能与地位，主要体现在：时间是法律规则的存在形式之一、是法律适用的范围之一、是法律成本的重要指标、是法律程序的构成要素、是法律执行的重要依据。总而言之，时间在法律运行中占据基础性地位，并在立法、执法、司法、守法阶段发挥重要的规范作用。

再次，法律中的时间在设置与运行中实现法律价值，尤其是对正义价值的实现。法律中的时间的首要目标与终极目的是实现正义价值。时间与不同层面的正义具有不同的关系，尤其反映"迟到的正义"这一问题的内在实质，并与其具有密切的联系。除此之外，通过对法律中时间的设置、使用、限制、规制实现以正义价值为主的法律价值。

最后也是最重要的一部分是研究如何通过法律中时间的设置来遏制"迟到的正义"的发生，促进法律价值的及时实现，发挥法律应有的功能与作用。通过时间设置来实现法律价值的基本路径。正如法理学家哈特所言，法律应该具有引导人类行为并为其行为提供批判标准的作用。在全面依法治国的大背景下，探讨时间的法律功能和实现法律价值的基本途径，进而凸显本书的中心论题：通过时间如何更好地实现法律价值。即分析在立法、执法和司法中通过时间设置来实现法律价值的途径，最终提出法律中时间设定的原则。

目　　录

绪　　论

一、研究问题及意义

(一) 问题的提出：基于"迟到的正义"的反思

2016 年年底，最高人民法院第二巡回法庭宣告聂树斌无罪①，至此，一个高度聚焦民情、社情和舆情的冤错案最终落下帷幕，迎来了"迟到的正义"。而此案是继云南杜培武故意杀人案、湖北佘祥林故意杀人案、河南赵作海故意杀人案、浙江张高平及张辉叔侄故意杀人案、福建念斌投毒案、内蒙古呼格吉勒图故

---

①　案情回顾：河北省石家庄市人民检察院以故意杀人罪、强奸妇女罪对原审被告人聂树斌提起公诉，石家庄市中级人民法院于 1995 年 3 月 15 日作出〔1995〕石刑初字第 53 号刑事附带民事判决，以故意杀人罪判处聂树斌死刑，以强奸妇女罪判处聂树斌死刑，决定执行死刑。聂树斌不服一审判决，提出上诉。1995 年 4 月 25 日，河北省高级人民法院作出〔1995〕冀刑一终字第 129 号刑事附带民事判决，维持对聂树斌犯故意杀人罪的定罪量刑，撤销对聂树斌犯强奸妇女罪的量刑，改判有期徒刑十五年，决定执行死刑，并根据最高人民法院授权高级人民法院核准部分死刑案件的规定核准聂树斌死刑。1995 年 4 月 27 日，聂树斌被执行死刑。2005 年 1 月 17 日，另案被告人王书金自认系聂树斌案真凶。此事经媒体报道后，引发社会关注。自 2007 年 5 月起，聂树斌母亲张焕枝、父亲聂学生、姐姐聂淑惠向河北省高级人民法院和多个部门提出申诉，认为聂树斌不是凶手，要求改判无罪。2014 年 12 月 4 日，根据河北省高级人民法院的请求，最高人民法院指令山东省高级人民法院复查本案。山东省高级人民法院经复查认为，原审判决缺少能够锁定聂树斌作案的客观依据，被告人作案时间、作案工具、被害人死因等存在重大疑问，据以定罪量刑的不确实、不充分，不能排除他人作案的可能性，建议最高人民法院重新审判该案。2016 年 12 月 2 日，最高人民法院第二巡回法庭对原审被告人聂树斌故意杀人、强奸妇女再审案公开宣判，宣告撤销原审判决，改判聂树斌无罪。

1

意杀人案、海南陈满故意杀人案等之后，又一起广受社会关注并影响巨大的刑事冤假错案。在公众唏嘘于"正义"到来得如此艰辛曲折和当事人家属欣慰于沉冤得雪之余，法律人不得不反思"迟到的正义"背后所隐藏的深层次的法律和法治问题。

本书选取了2000—2016年发生的20例重大冤错案，并从罪名、羁押时间、纠错耗时和纠错主要原因四个方面进行了初步的对比研究（见表0-1）①。从列表中可以看出：冤假错案一旦发生就很难纠错，纠错耗时大多需要数十年。同时就纠错主因分析，没有一例案件是在司法机关通过正常申诉得到纠正的。错案能够得到纠错的主要原因几乎是一些偶然因素，如"真凶再现"或"亡者归来"等占比高达75%。另外，还有部分案件是依靠当事人及其家属长期申诉或信访等最终才获得纠错，但是所占比例少。诚然，没有一个制度是能够做到毫无瑕疵和漏洞的，但这些案例不断地提醒着立法者在立法过程中要细致周全，司法人员在办案过程中要慎之又慎，不能放过一个坏人，更不能伤害一个好人。因为对司法正义的追求是终点，对于当事人而言，及时正义才是真正的正义。同时，众所周知，冤假错案的纠错成本也相对较高，无论对于错案当事人，还是对于重审机关和工作人员而言，在纠错过程中他们都将面临着时间、精力和精神等方面的挑战。如何避免冤假错案，如何保障当事人的即时基本权利，如何弥补立法中对当事人特别是嫌疑人权利保障的不足，如何通过法律达成及时正义，这些都是法律工作者应该直面的问题。

表 0-1　　　　　　　　　　　　　　20 例重大冤错案对比

冤案名称	罪　名	羁 押 时 间	纠错耗时	纠错主要原因
谭新善案	故意杀人	2004. 12—2016. 8	13 年	长期申诉、高检抗诉
陈满案	故意杀人、放火	1992. 12—2016. 2	23 年	长期申诉、高检抗诉

① 参见陈文飞：《20 件冤假错案背后的规律：几乎没有一件是通过正常刑事申诉平反》，载法治宣传网，http：//www. chinalaw124. com/zuijiagongzheng/20170401/20550. html，2017 年 4 月 1 日访问。

续表

冤案名称	罪　　名	羁押时间	纠错耗时	纠错主要原因
于英生案	故意杀人	1996.12—2013.8	16 年	长期申诉、高检介入
念斌案	投放危险物质罪	2006.8—2014.8	8 年	长期申诉、高院复核
福清五人爆炸案	爆炸罪	2001.8—2013.5	11 年	长期信访、省高院终审
黄家光案	故意杀人	1996.6—2014.9	17 年	同案犯归案
赵作海案	故意杀人	1999.5—2010.12	11 年	亡者归来
佘祥林案	故意杀人	1994.4—2005.4	9 年	亡者归来
滕兴善案	故意杀人	1989 年 1 月执行死刑，2005.6 平反	16 年	亡者归来
聂树斌案	故意杀人、强奸	1995 年 4 月执行死刑，2016 年 12 月平反	21 年	真凶再现
乐平、黄志强等案	故意杀人、强奸	2000.5—2016.12	16 年	真凶再现
呼格吉勒图案	故意杀人	1996 年 6 月执行死刑，2014 年 12 月平反	18 年	真凶再现
高如举、谢石勇案	抢劫、故意杀人	2004.1—2014.7	10 年	真凶再现
浙江萧山命案	抢劫、故意杀人	1995.11—2013.7	17 年	真凶再现
张氏叔侄案	强奸、故意杀人	2003.5—2013.3	9 年	真凶再现
郝金安案	故意杀人	1998.1—2007.12	10 年	真凶再现
孙万刚案	故意杀人	1996.1—2004.2	8 年	真凶再现
李久明案	故意杀人	2002.7—2004.11	2 年	真凶再现
黄亚全、黄圣育案	抢劫	1993.8—2003.9	10 年	真凶再现
杜培武安	故意杀人	1998.4—2000.7	2 年	真凶再现

　　正是由于大多数冤假错案的重审都是事隔多年，与案件相关的人证、物证等关键证据随着时间的推移变得越来越难获得，因此，这就意味着重审要耗费更多的司法资源。弗兰西斯·培根曾说过"一次不公的判断比多次不平的举动为祸尤烈"。① 可见，对个体而言，非正义的审判所造成的伤害是巨大的。这些鲜活的

---

① 培根著：《培根论说文集》，水天同译，商务印书馆 1983 年版，第 193 页。

冤假错案不断地提醒着人们在追求司法正义的道路上必须考量时间因素，一般而言，正义是有时效的，迟到的正义从某种意义上说，其已经失去了正义的价值。另一方面，正如法谚所述，"正义不会缺席，只会迟到"，不可否认的是"迟到的正义"在抚慰受害者及其家属以及维护公众对正义的期待方面具有一定的积极作用，因此纠错本身是有一定现实意义的，但也无法否认"迟到的正义"本质上的"非正义"性。

除了上述提到的基于已经发生的"迟到的正义"的冤假错案的理性反思的驱动外，本书还立足于当前我国正致力于构建社会主义法治国家、法治政府和法治社会，坚持全面依法治国，共同构筑"中国梦"的时代大背景。正如习近平总书记所说"努力让人民群众在每一个司法案件中都能感受到公平正义"，也就是说正义应该普照到每一个个案、每一个身处其中的当事人。2022 年，在中国共产党第二十次全国代表大会上，习近平总书记再次重申坚持以人民为中心的发展思想，维护人民根本利益，增进民生福祉，不断实现发展为了人民、发展依靠人民、发展成果由人民共享，让现代化建设成果更多更公平地惠及全体人民。

综上所述，本书认为"迟到的正义"之所以受到社会普遍的关注并对法治建设产生影响，一方面是现有法律确实还存在许多不足之处，进而使人们将"迟到的正义"问题的情绪直接简约化为对法律制度的不满；另一方面对"迟到的正义"背后的法理逻辑认识不清。为此，本书基于对"迟到的正义"的反思，从深层次法理学本体论出发，剖析法律与时间的关系以揭示"迟到的正义"所反映的本质问题，即法律与时间的关系问题。法律与时间之间存在着交互作用，法律中的时间具有重要的功能与地位，并在法律运行中促进法律价值的实现。

(二)研究的意义

1. 本书研究的理论意义

从古至今，时空理论一直是思想家、哲学家和科学家们所关注和研究的重点，时间因其稀缺性和单向性等特征成为了研究的重中之重。迄今为止，对于时间的科学研究可谓汗牛充栋、不胜枚举，而且横跨政治、经济、哲学、伦理学和社会学等多领域。但是将时间与法律结合起来，就两者的关联性进行系统性研究的则十分少见。本书的研究是基于重大"迟到的正义"案例的反思，在法理学层面研究法律与时间的关系。主要的理论意义体现为：对时间的概念进行了系统性梳理，特别是对法律中的时间概念进行了类型化分析；同时对法律中时间的作用和价值分析的理论构建过程，可丰富并促进复杂的时间跨学科理论研究。

2. 本书研究的现实意义

我国目前处于经济与社会转型的关键时期，特殊时期相应地对法律有着特殊的诉求。本书的现实意义主要包括：首先，回应了公众对司法正义的关注与期待。书中选取当前民众关注度高、影响力大的冤假错案为分析样本，从"迟到的正义"这一法律现象推演到"法律与时间"这个本体论问题的研究，选择以法哲学为视角来展开研究正是基于时间的哲学本质所作出的选择。其次，从"迟到的正义"反思法律与时间契合了习近平同志提出的"努力让人民群众在每一个司法案件中都能感受到公平正义"的政策导向。法律与时间研究的最终目的是实现法律正义价值。因此，通过时间的设置可有效地实现法律价值，尤其是正义价值的实现，以规避类似"迟到的正义"案例的发生。最后，对法律运行中时间的设置应当采纳适宜的、合理的、正当的标准和原则，这些研究与探索对今后立法、执法和司法实践具有一定的指导作用与意义。

二、国内外研究现状

（一）国内研究现状

法律与时间问题的研究重点在于对法律与时间之间逻辑关系的研究。时间的基础性和普遍性决定了其对于法律的存在和发展具有重要作用，同时法律也是时间运行和发挥作用的保障之一。而基于"迟到的正义"的思考是本书开展研究的源起。冤假错案作为一种司法现象，具有普遍性，在全世界范围内都有存在。司法主体的主观性、司法中不可避免的自由裁量权等使司法过程本身就无法做到完全的客观化，没有一个国家的司法能够做到完全无冤假错案的发生。但是冤假错案的普遍性并不代表人们对其就完全束手无策。实际上，通过科学立法、严格执法和公正司法是可以从源头上最大限度地避免冤假错案的发生的。因此，当前我们倡导全面依法治国，积极构建法治社会、法治国家和法治政府应该说是致力于营造一种积极向上的良法善治的法治环境。目前已有的法律与时间的相关研究主要有四个不同的分析进路：其一是直接对"迟到的正义非正义"这句法谚的探讨，就"迟到的正义"本身对法律的影响进行研究；其二是偏重于时间功能和意义探讨的维度；其三是探讨法律中的时间问题；其四是探讨法治与时间的关联。

　　首先，在中国知网（CNKI）以"法律与时间"为"主题""篇名"和"关键词"检索，分别得到1205、600和2条结果。在以"主题"检索的结果中，人工选择129篇相关度较高的文献生成趋势图（图0-1），可以清晰地看出该主题下文献的数量及变化趋势。从中可以看出几个很显著的特征：第一，从1960年到1986年近20年时间该主题的直接研究几乎为零，这与我国的国情是相适应的。20世纪80年代以前，我国的学术期刊的保有量相对较少，而且从事法律科研的人员数量极其有限。第二，从1990年到2008年，该主题研究一直处于一种上升趋势，这与时空研究在该时期广受关注不无联系。第三，从2008年到2023年，该主题研究进入了平稳期，但是文字的引证率大幅上升，说明与该主题相关的研究还是保持着一定的学术关注度。总之，从该趋势图可以看出，"法律与时间"的主题研究是受到学界关注的一个论题，但是直接研究还很少，以"法律与时间"为题目的博士论文为零，硕士论文只有一篇①，该论文主要是从法律在时间中的运行与发展角度对法律与时间的逻辑关系进行论述，并未做全面的法律价值分析。期刊论文以《法律与时间》为题目的有喻中教授的两篇短论文，从时间的立法意义角度和法

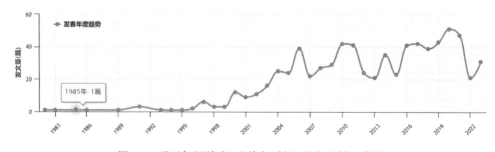

图 0-1　通过知网检索"法律与时间"选取文献生成图

---

①　王婷婷：《法律与时间》，苏州大学2007年硕士论文。

律生活角度探讨①，突出了时间于法律的重要意义。

其次，与主题相关的重要文献根据具体研究角度的不同，主要可以分为三种类型：

其一，研究时间观及其对法律的影响，包括熊赖虎的《时间观与法律》（《中外法学》2011 年第 4 期）、方潇的《中国传统历法之法意及其对法律时间的影响》（《法制与社会发展》2010 年第 5 期）、张利春的《现代法律思维时间面向的转换》（《法制与社会发展》2008 年第 2 期）等。汪天文教授一共写了两部时间方面的专著：《社会时间研究》（2004）和《时间理解论》（2008）。他对时间的研究比较深入，较全面地分析了时间研究的历史与现状。特别是其在《时间理解论》一书中独创性地提出了时间理解的原则和方法，为更好地理解时间提供了路径。另外，还有部分学者从中西时间观中研究时间，如刘文英的《中国古代的时空观念》（2008）、柯小刚的《海德格尔与黑格尔时间思想比较研究》（2004）、吴国盛的《时间的观念》（1996）、杨河的《时间概念史研究》（1998）。此外，将时间放在法学视域下进行研究，探究法律与时间关系的著作有，舒国滢的《时间结构中的法律》（2000），周红阳的《预期与法律——朝向哈耶克的时间域》（2008），景天魁等的《时空社会学：理论和方法》（2012），张世明的《法律、资源与时空建构》（2012）。

其二，研究法律中的时效、溯及力问题，包括张学强的《个案申诉时间异法律法规时效同》（2005）、郭明瑞的《关于民法总则中时效制度立法的思考》（2017）、高圣平的《诉讼时效立法中的几个问题》（2015）等。其中《关于民法总则中时效制度立法的思考》一文中就专门提到了受诉讼时效限制的例外情况，认为应该基于权利的属性做例外的界定。将人身权的保护和关于基本生存权、公共利益和涉及他者利益的权利排除在诉讼时限的规制之外。而提出这种例外的根源是基于对公民基本人权的保护，无论是人身权还是生存权，抑或涉及公共权益或他者权益等都应该得到民法保护，而且这种保护不会随着时间的流逝而消失。另外高圣平在《诉讼时效立法中的几个问题》中也侧重研究了立法阶段时效规定的价

①　喻中：《法律与时间》，载《博览群书》2008 年第 5 期；喻中：《法律与时间》，载《法制资讯》2011 年第 2 期。

值性问题等。总之，现代诉讼时效制度不断受到制度之伦理正当性的质疑，虽然其本身具有矫正正义与功利主义带来的一定程度上的伦理意义。①

其三，部门法中的时间问题和其他法律与时间的问题等。于兵在其博士论文《私权救济的时间限度》中，通过论证法学研究中引入时间的必要性和重要性，指出了时间具有衡量法律权利边界的功能，进而基于时间的经济学特性，从法经济学的角度研究保障私权利的"时间限度"。该文的最大贡献在于证成了时间的法律范畴属性，并论述了"时间限度"这一概念具有的价值意义和制度意义。相关研究成果还包括连洁、陈乃新的《法律时间论视野下的经济法调整对象》（2008）、柳砚涛的《时间的控权功能探析》（2007）、刘仁文的《刑法解释的时间效力》（2002）。

除此三种类型外，关于时间的正义方面的研究也有一些，特别是基于时间视域下的代际正义和环境正义的研究，例如，周旺生在其《论作为最高层次伦理规范的正义》一文中也肯定了正义的伦理价值，认为"正义的确为每个人平等地提供了一个追求美好景状的理由和价值判断的尺度。实现这种美好景状的前提是不懈地根治国家和社会的病症"。② 冯鹏志认为时间正义问题是解决各国分歧的新伦理观，"以往的可持续发展伦理观忽视了时间和空间作为可持续发展的内在构成因素以及没有能够明确区分时间和正义在自然维度和社会维度上的不同含义"。③ 除了时间的伦理学研究路径外，直接将时间放在法学视角下的研究并不多。基于国内司法正义的现实和人们对正义延迟的不满，学界出现了部分学者针对正义延迟的案例研究和理论研究。比如，周光辉、赵闯的《跨越时间之维的正

---

① 另外还有部分学者对时效的正义性做过相关研究：连光阳：《诉讼时效制度的伦理危机及其消解之道》，湖南大学 2015 年博士论文；孙鹏：《去除时效制度的反道德性——时效制度存在理由论》，载《现代法学》2010 年第 5 期；段晓娟：《我国诉讼时效中止若干问题研究》，载《法律适用》2008 年第 11 期；刘敏：《诉讼时效制度：正义价值高于效率价值》，载《人民法院报》2005 年 7 月 19 日（B03）；汪渊智：《我国民法诉讼时效制度之构想》，载《法学研究》2003 年第 3 期；潘剑锋：《论举证时效》，载《政法论坛》2000 年第 2 期。

② 周旺生：《论作为高层次伦理规范的正义》，载《法学论坛》2003 年第 4 期。

③ 冯鹏志：《时间与空间正义：一种新型的可持续发展伦理观》，载《自然辩证法研究》2004 年第 1 期。

义追求——代际正义的可能性研究》（2009），张乾友的《在场与缺席：一个正义分析框架》（2014），丁成际的《论代际正义与可持续发展》（2011），周敦耀的《试论代际正义》（1997），王韬洋的《正义的共同体与未来世代——代际正义的可能性及其限度》（2010），杨盛军、周勤勤的《环境代际正义概念辨析》（2008）等。①何家弘主编的《迟到的正义：影响中国司法的十大冤案》一书及时回应了近年来社会广泛关注的冤假错案问题，该书并没有进行形而上的"迟到正义非正义"的理论上或道德上的解读，而是通过案例检视我国司法过程中存在的问题，反思并提炼出个案中的司法误区②，而这种对误区的解读，无论对司法实践还是司法理论研究无疑都具有指导性。另外，王立军的硕士论文《论司法及时性视角下的时间》③，通过对司法中的延迟案例分析，阐释了时间对于司法正义和司法效益的影响，从而突出了时间的司法价值。该论文的研究内容主要分为把时间视为研究主题的自由时间的正义问题研究和把时间视为实现可持续发展的全球正义条件的基础性研究。臧峰宇在《从时间角度解读马克思政治哲学的正义维度》中，基于马克思的剩余价值理论，特别指出了自由时间的占有才是人类获得自由和全面发展的条件。自由的实现必须是现实的，而时间是自由的基础。任何脱离时间而抽象地谈论自由、平等和正义价值都是无意义的。④ 国内相关研究的学科和主题分布如图 0-2、图 0-3 和图 0-4 所示。

---

① 除了上述列举的论文之外，还有：文贤庆的《儒家家庭本位伦理与代际正义》，载《南京社会科学》2014 年第 11 期；杨盛军、张登巧的《类伦理与环境代际正义的实现》，载《道德与文明》2010 年第 2 期；郁乐、孙道进的《谁之后代，何种正义？——环境代际正义问题中的道德立场与利益关系》，载《思想战线》2014 年第 4 期；杨通进的《论正义的环境——兼论代际正义的环境》，载《哲学研究》2006 年第 6 期。

② 何家弘主编的《迟到的正义：影响中国司法的十大冤案》将冤案的司法误区总结为十大方面。一、由供到证的侦查模式；二、违背规律的限期破案；三、先入为主的片面取证；四、科学证据的不当解读；五、屡禁不止的刑讯逼供；六、放弃原则的遵从民意；七、徒有虚名的相互制约；八、形同虚设的法庭审判；九、骑虎难下的超期羁押；十、证据不足的疑罪从轻。

③ 参见王立军：《论司法及时性视角下的时间》，湖南大学硕士论文 2008 年。

④ 参见臧峰宇：《从时间角度解读马克思政治哲学的正义维度》，载《北京行政学院学报》2009 年第 5 期。

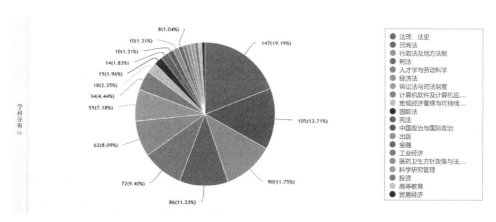

图 0-2　学科分布图

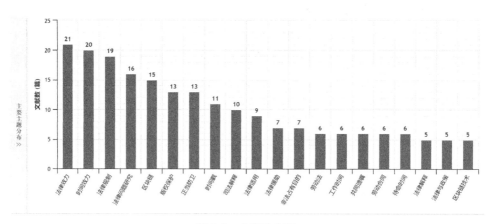

图 0-3　主题分布图

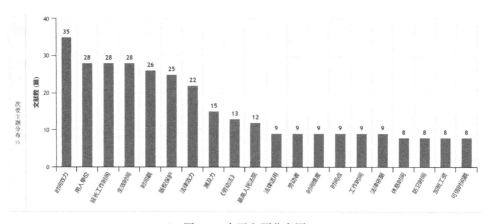

图 0-4　次要主题分布图

(二) 国外研究现状

作为一个法哲学的研究命题，国际上对法律与时间的研究还是比较丰富的。但从纯粹学理角度的分析还很少，大部分是从部门法的角度对具体法律部门中时间问题的研究。具体而言，国外现有研究大致可以分为以下几个方面：

第一，直接研究法律与时间问题，注重学理层面的分析研究。直接以《法律与时间》为题的代表性论文，有 Tur 的《时间与法律》(*Time and Law*)①，Higgins R. 的《时间和法律：一种古老的国际视角》(*Time and the Law*：*International Perspectives on an Old Problem*)②和 Currier 的《时间和法官自由裁量的变化：否定预期》(*Time and Change in Judge-Made Law*：*Prospective Overruling*)。其中 Tur 认为时间不仅是一个惯例问题，也是一个法学理论问题。Higgins R. 则强调物理时间的魅力，注重时间的速度与事物之间的关联。Currier 则关注到了时间在法官自由裁量中的微妙作用。

第二，研究部门法中的时间问题，这方面的研究比较多。Wonders 的《及时正义：全球化和法律、秩序和权利的变化》(*Just-in-Time Justice*：*Globalization and the Changing Character of Law*，*Order*，*and Power*)提出及时正义的范围，认为不同层面上对及时正义有着不同的诉求。Harrington J. 的《医疗法中的时空》(*Time and Space in Medical Law*：*Building on Valverde's Chronotopes of Law*)阐释了医疗法中时空因素纳入考量的缘由及作用。③ Sherman B. 的《专利法的变迁》(*Patent Law in a Time of Change*：*Non-Obviousness and Biotechnology*) 及 Liu J. P. 的《版权和时间：一个提议》(*Copyright and Time*：*A Proposal*)，这两篇文章都研究了时间对特定法律权利的影响和如何利用时间来平衡权利和公共利益之间的关系。④

① Tur R H S, "Time and Law", *Journal of Legal Studies*, 2002, Vol. 22, No. 3, pp. 463-488.

② Higgins R, "Time and the Law：International Perspectives on an Old Problem", *International & Comparative Law Quarterly*, 1997, Vol. 46, No. 3, pp. 501-520.

③ Harrington J, "Time and Space in Medical Law：Building on Valverde's Chronotopes of Law", *Feminist Legal Studies*, 2013, Vol. 23, No. 23, pp. 1-7.

④ Nobles R, Schiff D, "Luhmann：Law, Justice, and Time", *International Journal for the Semiotics of Law-Revue*, 2014, Vol. 27, No. 2, pp. 325-340.

最后，研究时间与正义之间的关系和其他的法律与时间问题。Nobles R，Schiff D. 的《卢曼：法律、正义和时间》（*Luhmann：Law，Justice，and Time*）①从社会学的角度研究法律、正义和时间三者的关系，主要基于卢曼的《法社会学》一书。Greenhouse 的《及时正义：文化习俗的合法化》（*Just in Time：Temporality and the Cultural Legitimation of Law*）认为时间的正义可以体现在文化习俗的合法化上。Pound R. 的《比较法的时空场域》（*Comparative Law in Space and Time*）认为比较法中的重要因素就是时间与空间，基于时空域的研究是比较法的前提。Cabatingan L. 的《时间和超越：在加勒比地区法院更高的权威》（*Time and Transcendence：Narrating Higher Authority at the Caribbean Court of Justice*）一文则陈述了法律变迁的重大意义。

综上所述，学界对法律与时间问题已有所关注，也提出了一些富有价值和成效的思想和观点，但是现有研究还存在很多不足：第一，大多研究将法律与时间问题仅仅视为时效问题，仅仅局限于民法或刑法中相关时效规制的研究，从而忽视了从学理层面去思考法律与时间问题。第二，过于偏重实证研究，将法律与时间问题狭隘到单纯的效率问题，从而局限于劳动时间和自由时间的研究。第三，在论及时间的法律功能时，没有深入研究如何设置时间去更好地发挥时间的价值。因此，要弥补上述不足，需要从以下几个方面加强研究：第一，从法理层面廓清法律中时间的范围，提升研究的理论层次。第二，从法律与时间之间的交互作用中，深挖时间对法律价值实现的功能。第三，提出规制"迟到的正义"出现的法律中时间的设置标准和原则，进而为法律的有效运行提供智力支持。

三、研究的基本思路

本书从世界可持续发展的历史大背景出发，紧跟时空理论研究炙热的国际国内时势，以时间为主题，从法哲学的视角来具体分析时间的法律作用、厘清时间与法律关系，最后着眼于探索通过时间实现以正义为主的法律价值的路径。法哲

---

① Nobles R，Schiff D，"Luhmann：Law，Justice，and Time"，*International Journal for the Semiotics of Law-Revue*，2014，Vol. 27，No. 2，pp. 325-340.

学思考有两个鲜明的特征，一是二元方法论，二是相对主义，也就是将任何事物放在法哲学的视域下进行解读时，都要考虑事物的应然和实然、主观和客观、形式与内容。本书的研究基础是对时间、法律中时间的相关理论的厘清，同时着眼于当代中国法治建设的伟大实践，通过系统地研究时间的法律作用以及时间与法律的关系，突出时间在法哲学研究视域下的正义性。本书的重点在于研究通过时间的设置以避免"迟到的正义"的出现，以实现法律作用与价值。全书的核心思想是围绕以下三个预设而展开的：一是时间的概念是变化和发展的，但法律中的时间呈现出法律的规范性、强制性和普遍性等特点；二是时间是法律存在与运行的基础，因此，在法哲学的视域下，时间也具有独立的研究价值；三是通过对法律中时间的设置来缓解"迟到的正义"，促进法律价值的实现，发挥法律应有的功能与作用。因此，本书的主体部分主要是对上述三个预设的回应。

　　第一部分为第一章，厘清时间和法律中时间的概念与内容，从而回应第一个预设法律中的时间具有鲜明的法律特征。法律中的时间包括法律规则中的时间和法律运行中的时间两大类，而法律规则中的时间又包括一般法律时间、法律主体年龄时间、任期时间和特殊时期等。法律中的时间与一般时间之间是一个种与属的关系，也可以表达为被包含和包含的关系，故而对法律中时间的认识的前提是对时间的认识。因此，本书在第一章对时间的概念进行了界定，首先从时间的释义、分类及特征和社会时间的一般结构三方面进行阐释，进而为法律中的时间的研究奠定了理论基础；接着从法律规则中的时间和法律运行中的时间两方面分析了法律中的时间问题，特别是分别从一般法律时间、法律主体年龄时间、任期时间和特殊时期四个方面对法律规则中的时间进行了具体的分析，从而厘清了时间的概念，同时廓清了法律中的时间的研究范围，并在本书中对法律时间进行重新界定与思考。

　　第二部分为第二、三章，阐释时间对法律的作用和时间与法律价值的关系。其中时间对法律的作用，主要表现在时间是法律存在与运行的基础。具体而言，时间是法律规则的存在形式之一、是法律适用的范围之一、是法律成本的重要指标、是法律程序的构成要素、是法律执行的重要依据。而时间与法律价值又体现在五个方面：以时间的界定为内容制定法律规范对正义的实现；以时间的使用为要素配置法律资源对效率的促进；以时间的限制为特征设计法律程序对秩序的维护；以时间的节约为目标构建法律制度对自由的保障；以时间的强制为手段树立法律权威对权利的保护。正是基于以上的辨析，证成了时间的法哲学研究在理论和实际中的必要性与价值。

第三部分是本书的最后一章，通过对法律中时间的设置实现法律价值，更进一步探讨时间的法律功能和实现法律价值的基本途径，并结合相关保障机制的研究，进而凸显了文章的中心论题：通过时间如何更好地实现法律价值。此外，在结语部分，除了概括全书主要内容和再次强调通过时间实现法律价值之外，还对时空理论在政治、经济和文化领域的意义进行了简略的展望，希冀未来学者能将时间理论深入法学的具体问题进行研究，例如时间对人权实现、司法改革等具体领域的作用与价值，进而更好地服务于我国的法治建设，同时也为时空理论的纵深发展开辟新天地。

四、研究方法

研究方法的确定过程也是研究思路自我检视的过程。本书研究方法的取舍是基于法律与时间这一研究主题特征和已经占有的前期资料。法律与时间问题是一个法哲学问题，是研究法学理论和实践中的哲学问题，即世界观和方法论方面的问题，也就是说"法哲学是以法学世界观及方法论为研究对象，是关于一定社会人们的法学世界观及方法论的理论体系，或者说是关于法学世界观及方法论的理论化、系统化的问题"。① 时间问题本身就是一个人类一直追求的哲学问题，时间与法律的结合必然产生许多化学反应，时间与法律的问题由于所属学科属性决定了其法哲学的属性。施塔姆勒对法哲学的定义是"法哲学是法律对评判价值的思考，即'正当法学说'"②，也就是说法哲学的实质是法律价值问题。而法律与时间问题本身就是一种价值性的思考，故而将法律与时间问题放在法哲学的视域下，尤其是正义视角下进行研究无疑是合理的。因此，从法哲学角度反思"迟到的正义"，以窥视法律与时间的相互作用，以及其对以正义为主的法律价值的实现。而法哲学思考有两个鲜明的特征：一是二元方法论，二是相对主义，也就是

① 文正邦主编：《法哲学研究》，中国人民大学出版社 2011 年版，第 16 页。
② ［德］古斯塔夫·拉德布鲁赫：《法哲学》，王朴译，法律出版社 2013 年版，第 9 页。

将任何事物放在法哲学的视域下进行解读时，都要考虑事物的应然和实然、主观和客观、形式与内容。

首先，本书通过文献分析法来确认研究主题的可能性，即通过对国内外相关主题研究的梳理，厘清这一主题研究的脉络并发现其不足之处，从而为进一步的研究提供了源头。

其次，在确定本书研究的可能性之后，厘清时间的概念时运用了历史研究法、主题研究法和案例分析法进行研究。为了证成法律与时间的紧密联系，对其历史进行梳理，了解其过去与未来。当然，由于时间在法律和法律过程中以不同的形式表现出来，更多的是体现在现实的案例中，比如近年来引起社会巨大反响的"迟到的正义"的冤假错案，因此，如何去廓清案例背后的法理，如何勾连出其隐含的时间的面相，这些都需要对案例进行深入的分析和分解来获取有价值的信息。案例分析法认同时空背景的同时也影响社会现实，但是社会现实却是由社会的互动塑造的。因此，在分析和阐释问题前，首先对案例的历史背景和细节进行甄别，再深入挖掘案例背后的因果关系和深层含义，① 从而可以将整体性认识和个别性认识勾连起来，利于后期对社会现象进行类型化和理论化的提炼。因而案例分析法不仅必要而且是有效的研究方法。

最后，本书在研究中还采用了比较研究方法和跨学科综合研究方法。比较研究法是进行社会科学研究重点采纳的方法，其主要通过中外比较、古今比较、代际比较、代内比较和相近问题比较等方式，深入分析和理解事物的内涵和特征，从而抓住事物的本质，利于最终研究结果的呈现。本书的主题是对法律与时间问题的研究，因此，无论是前部分对时间概念的比较、正文中对研究过程的比较，还是最后对结论和预期的比较等都用到了比较研究法。同时，本书的核心主体是时间，而时间本来就是一个横跨伦理学、政治学、哲学和法学等多学科的综合性问题，因此，笔者除了努力对时间的法理进行探究外，更试图将时间在多学科的视域下进行检视，从而更好地服务于本书的主题，使本书的说理更充分和更有说服力。

---

① Somekh, Bridget, C. Lewin, "Research Methods in the Social Sciences", Sage Publications, 2005, Vol. 16, No. 2, p. 217.

五、主要创新点与不足之处

(一)本书研究的主要创新点

首先，研究对象新。随着自然科学的发展，人们对时空场域的了解越来越深入，进而促使时空问题也逐渐成为社会科学研究的热点问题。而时间因其稀缺性和单向性等特征成为了研究的重中之重。迄今为止，对于时间的科学研究可谓汗牛充栋、不胜枚举，而且横跨政治、经济、哲学、伦理学和社会学等多领域。但是将时间与法律结合起来，就两者的关联性进行系统性研究则十分少见。本书所指法律与时间，既包括时间对法律的作用，也包括对时间与法律价值的关系，通过对时间与法律关系的法理分析，进而致力于合理设定法律中的时间以缓解迟到的正义的出现，并有效实现法律价值。

其次，研究方法与角度新。本书研究方法是基于法律与时间这一研究主体特征和已经占有的前期资料而进行的选择。本书综合运用文献分析法、历史研究法、主题研究法和案例分析法等多种研究方式，同时基于法律与时间的本质属性，选择以法哲学为视角来开展研究。而法哲学思考有两个鲜明的特征，一是二元方法论，二是相对主义，也就是将任何事物放在法哲学的视域下进行解读时，都要考虑事物的应然和实然、主观和客观、形式与内容。

最后，本书首先通过文献分析法来确认研究主题的可能性，即通过对时间、正义和时间的基本理论梳理，进而厘清时间这一主题研究的理论逻辑并发现其优点和不足之处，从而为法哲学视域下深入的价值研究和实质性研究提供基础。时间既是法律存在的条件，也是法律构成要素之一，对其研究方法和角度的选择也可以作为其他相关法学研究的参考，对于更好地发挥法律价值起到积极作用。

(二)本书研究存在的不足之处

任何研究都会有缺憾，本书的研究不足之处主要表现在以下几个方面：

第一，时间的核心价值体现在对正义实现的作用上。美国著名法理学家博登海默曾说过，"正义有着一张普罗修斯似(Proseus)的脸，变幻无常、随时可呈不同形状并具有极不相同的面貌"。正义没有统一的标准或原则，人们只能不断地去接近它。时间的正义属性决定了其同样具有复杂多变性，无法让人掌控。因此，对时间的研究更多的是从时间的维度去接近正义，进而丰富对正义的认识和理解，其对正义理论的直接贡献十分有限。

第二，法律与时间的研究本身就是一个跨学科的复杂问题，本书主要是基于法哲学的视角进行研究，具有学科自身的局限性和片面性。实际上，时间与政治哲学、社会学、伦理学和心理学等学科都有着或远或近的联系，鉴于笔者的专业领域和篇幅的局限，没有对相关问题做横向的比较。

第三，本书的参考文献的选择、研究方法的取舍和研究范围的界定都具有一定的主观性和任意性，因此对于本书结论的客观性、精确性和可信度方面都有所局限。

第一章　时间的概念界定

时间是一个丰富而复杂的存在，无论是自然科学的研究，还是社会科学的研究都离不开时间。时间是一切科学研究的起点和终点，离开了时间的研究只能是一种自说自话，无法真正地联系和运用于社会实践。正因为时间的博大精深和难以捉摸的特性，对其展开研究的前提就是界定其范围和边界。因此，本章尝试着在法哲学的维度上探讨时间的定义与特征，同时澄清本书对时间的研究范围，为后面的论述奠定理论基础。

第一节　时间的概念

时间无处不在，时间于人类而言是最熟悉的"陌生人"，人们生活在时间中，但又对时间的本质十分陌生。古往今来思想家们从未停止过对时间的思考，任何将时间抽离具体事件、环境的单独思考都是十分困难的，甚至是无解的尝试。正如唯物主义要求的那样"一切以条件、地点和时间为转移"，时间只有和特定的事项、空间相结合才变得具体和稳定起来。奥古斯丁在《忏悔录》中对时间有过经典的论述，"时间究竟是什么？谁能轻易概括地说明它？谁对此有明确的概念，能用语言表达出来？可是在谈话之中，有什么比时间更常见，更熟悉呢？我们谈到时间，当然了解，听别人谈到时间，我们也领会。那么，时间究竟是什么？没有人问我，我倒清楚，有人问我，我想说明，便茫然不解了"。① 海德格尔在1956 年写作的《什么时间》一文，也道出了同样的困惑，"什么是时间？人们或许

---

① ［古罗马］奥古斯丁：《忏悔录》，周士良译，商务印书馆 1963 年版，第 242 页。

会认为，《存在与时间》的作者不会不知道。但这本书的作者确实不知道，以至于至今他仍在追问"①。

一、时间的释义

时间是一切事物存在的基础和发展的条件，时间与人们的社会生活密切相关。马克思认为"一切节省归根到底都是时间的节省"，海德格尔认为"马克思的'时间'实质是承认自然时间为基础的社会时间，而且时间在社会不同的发展阶段具有差异性，时间和空间能够互相转换，而且主要侧重于时间的决定意义"。②可见时间对于社会生产和发展的重要意义。

时间包括"时"和"间"两个方面，"时"即时刻，指具体的某个时间点，而"间"指的是"期间"，指时间具有过程性，是有起点和终点的时间段。"时间"在《辞海》中是与"空间"一起来进行比较定义的，"时空是运动着的物质的存在形式。空间是物质存在的广延性；时间是物质运动过程的持续性和顺序性。同物质一样，它们是不依赖于人的意识而存在的客观实在"。③可见，一般而言时间都被放在时空场域下作为一个维度来被理解，时间通常与空间不可分离，正如"没有物质存在，时间也无意义，时间是指宏观一切具有不停止的持续性和不可逆性的物质状态的各种变化过程，其有共同性质的连续事件的度量衡的总称"。④霍金认为时间本质上属于自然科学的范畴，时间是人类本身可以感知的存在。人们常常说"时间就是生命"，一方面是指时间十分宝贵，值得如生命般地去珍惜；另一方面是指时间离不开人的存在，时间塑造了生命，生命成就了时间。而人的生命是有限的，但人的生命所创造的现实的世界却是历史性的，不会随着人的死亡而消失，"时间性的存在也就使那永恒的自我超越过程成为了历史的了。因为对于无线的过程来说，是无所谓历史的，无论它是一个循环的圆圈，还是一个开

---

① ［德］马丁·海德格尔：《思的经验（1910—1976）》，陈春文译，商务印书馆 2018 年版，第 114 页。

② ［德］马丁·海德格尔：《思的经验（1910—1976）》，陈春文译，商务印书馆 2018 年版，第 114 页。

③ 《辞海》，上海辞书出版社 1979 年版，第 4106 页。

④ 黄震云、吴俊杰、张燕：《法律的时空效力的哲学思考》，载《辽东学院学报（社会科学版）》2014 年第 4 期。

放区域抑或是直线"。①

　　但如果要给时间下一个明确的定义就显得十分困难了，时间既可以表示当下的存在，也可以表示流逝的过去和即将到来的未来，还可以指代绵延的时间之流或历史之流。时间的不确定性和多变性注定了人们对它的孜孜以求。目前对时间问题的研究路径大致分为三种：一是自然科学路径，如物理学、数学、化学等中的时间问题，自然科学中的时间具有精确性、明确性和复杂性等特点，主要是指测度时间，它涉及的时间包括周期运动的数目或是某种空间的距离；二是人文路径，如哲学、社会学、历史学等学科总的时间问题，人文路径强调的是人与时间的关系，从探求时间的本质开始，注重以人的角度来体验时间；三是心理学路径，如心理学、思维学等中的时间问题，时间在心理学看来则是人类自身感官潜在能力在社会实践中的体现。而本书所指的法律中的时间显然属于第二条路径，时间的人文学研究。而将时间作为一种独立研究范畴是基于科学发展对时间认识的深入而开启的。"时间作为世界复杂性的无边界的模式，被认为可以独立于那些在时间之中存在或发生的内容。从一个被抽象化地注明了日期的时间点的序列来进行考虑，它尤其可以剥离掉那些事实的或社会的关联——而唯有留有时间。"②

　　而正如绪论所述，相较于空间，时间具有空间所无可比拟的特征：可预测性、可控性和安定性等特点。当代时间研究与其在哲学和自然科学中的时间发现紧密相关。柏格森是将时间与空间分开进行研究的重要人物，他将时间本体从空间化的时间中独立出来，进而将时间放在优于空间的地位，从而让时间的研究具有了更为根本的意义。时间是指物质运动的持续性与顺序性。同一切物质一样，时间是不依赖人的意识的客观存在，而且是永恒的。"时间是世界的组成成分，甚至是世界的基本组成成分，因为，世界的秩序首先是以时间为基础的。"③

---

　　① 隽鸿飞、郭艳君：《历史唯物主义的生成论阐释及其当代意义》，人民出版社 2015 年版，第 27 页。

　　② ［德］尼克拉斯·卢曼：《法社会学》，宾凯、赵春燕译，上海人民出版社 2013 年版，第 404 页。

　　③ ［德］克劳斯·黑尔德：《时间现象学的基本概念》，靳希平、孙周兴、张灯、柯小刚译，上海译文出版社 2009 年版，第 31 页。

二、时间的分类与特征

(一)时间的类型

认识事物的有效途径之一就是分类，通过对事物的分类能清楚地厘清事物的构成因素、要件和条件等。而通过对这些构成因素、要件和条件的分析和阐释，对于更加深入细致地理解被分类物具有重要的意义。如果用哲学解释学的理论来看待分类的话，分类的过程就是一种典型的通过部分认识整体的过程，整体和部分之间是互相诠释的。"空间是人类发展的目的，而时间是人类发展的途径，人类社会的发展就是一个不断挣脱劳动时间去争取自由时间，不断克服劳动异化实现全面发展的过程。"[①]吴国盛在《时间的观念》一书，将时间分为两类：一是计时用的标度时间，二是生命体验用的时间之流。[②] 本质上，时间通常所说的是钟表时间(本体时间)和自我感受的时间期间。吴国盛认为这两种时间将人类对时间经验的体验进行了很好的概括，同时各种相异的时间观也是由这两种时间原型衍生出来的。汪天文教授提出了一种基于空间范围和理解层次的不同去理解时间的思路，即立足于人类生活空间尺度内的时间理解。他提出了时间理解的六个层面，即"自然时间、生活时间、社会时间、理念时间、心理时间和超世时间"[③]。而人们通常所说的时间按其属性可以简单地分为自然时间和社会时间，而社会时间按照目的的不同，一般又被分为劳动时间和自由时间两大类(见图 1-1)，其中，劳动时间是由用于获得个人生活必需物质的必要劳动时间和剩余劳动时间两部分构成；而自由时间除了必要的吃饭、休息等时间外，更多地用于个人的娱乐和发展。因此，现在越来越多的国家将自由时间的拥有量作为衡量一个国家居民生活水平的重要指标。

1. 自然时间

自然时间指的是以自然现象为衡量标准的科学研究的时间，突出了时间的客

---

① 汪天元：《时间理解论》，人民出版社 2008 年版，第 470 页。
② 参见吴国盛：《时间的观念》，中国社会科学出版社 1996 年版，第 11~28 页。
③ 汪天元：《时间理解论》，人民出版社 2008 年版，第 127 页。

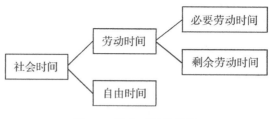

图 1-1　社会时间的分类

观性、无限性等一般性特征，"包括数学时间、物理时间、化学时间、生物时间、地质时间、天文时间、宇宙学时间，等等"①。笛卡儿哲学以四个公理而闻名世界，其中第四个公理是人心中本来就有完美、空间、时间和运动的观念，说明了时间观念应该是一种哲学认同地看待世界的公理。所谓公理就是人们普遍认同的道理，时间的公理性源于其自身的规律性和确定性。传统意义上的时间更关注其自然性。正如梅因在《古代法》中对法自然性的论述一样，"'自然'学说及其法律观点之所以能保持其能力，主要是由于它们能和各种政治及社会倾向联结在一起，在这种倾向中，有一些的确是它们创造的，而绝大部分则是它们提供了说明和形式"。② 因此，人们对事物进行研究时也会惯性地偏重于对时间自然性的理解，进而忽略了社会时间。

2. 社会时间

社会时间是人类在社会活动中形成的一种互相协作的节奏和规律，强调了时间在人的生活场域中的特殊作用，"社会时间是社会生存结构的反映"③。社会时间是在肯定自然时间的基础上产生的，并不与自然时间冲突，其本质上也是自然运动关系的一种特殊表现形式。社会时间是"具有自身的内在结构和变化形态，它会随着人类活动的能力、人类活动的频率、社会文明的程度、人口地理等因素

① 汪天元：《时间理解论》，人民出版社 2008 年版，第 127 页。该书对时间的六个层面做了简要的介绍：自然时间即科学研究的时间；生活时间是人的积极存在的基本方式；社会时间是体现主体之间交互的时间关系；心理时间反映主体对时间的感觉、感受和观念；理念时间是理性观念意义上的时间，是事物作前后区分的相对次序；超世时间即超世思维范式下理解的时间观念。

② ［英］梅因：《古代法》，沈景一译，商务印书馆 1959 年版，第 52 页。

③ 汪天元：《时间理解论》，人民出版社 2008 年版，第 470 页。

的变化而变化"。①　而社会规则就是这种互相协作的节奏和规律上升为日常生活后的产物，是保证社会生活井然有序的稳定剂。历史上的统治者们就是利用社会时间的稳定性来维持社会秩序的。②　比如，古代改朝换代的标志就是重立年号，以此来树立皇权的尊严和规范百姓的日常生活。社会时间对应的是复杂的社会现象，其包含社会生活时间和社会自然时间两个层面。

其一，社会生活时间是"反映个体的时间体验和主体间的交往和时间整合"。③　正如在自然界中的时间往往被视为一种运动，而人类社会中的时间即人类的活动，是人类学思维范式下对时间的一种理解方式。④　人们通常用社会时空来描述人类的社会活动现象。社会存在是以社会时空为基础的，而社会事件本身的复杂性决定了不存在一种统一的社会时空标准。"社会时间和社会空间是可以转换的，社会空间的发展以社会时间的消耗为代价，人类在活动中正是不断地把社会时间凝结为社会空间而取得历史的进步。"⑤

其二，社会自然时间是指社会时间的科学性维度。显然，时间的数字化，即作为数字的时间是对时间科学化和理性化研究的第一步。一切事物来源于生活，数学也不例外。因此，时间的数学化实质上是指人类利用数字的计量功能来计算时间。时间的数字化是由毕达哥拉斯⑥提出的，毕达哥拉斯式⑦的时间观念认为"万物皆数"⑧。将时间数字化是所有柏拉图主义的始祖，同时也契合于柏拉图本

①　汪天元：《时间理解论》，人民出版社 2008 年版，第 248 页。

②　参见汪天元：《时间理解论》，人民出版社 2008 年版，第 470 页。

③　汪天元：《时间理解论》，人民出版社 2008 年版，第 128 页。

④　参见汪天元：《时间理解论》，人民出版社 2008 年版，第 141 页。

⑤　汪天元：《时间理解论》，人民出版社 2008 年版，第 141 页。

⑥　毕达哥拉斯(Pythagoras，约公元前 580 年至公元前 500 年)古希腊数学家、哲学家。毕达哥拉斯出生在爱琴海中的萨摩斯岛(今希腊东部小岛)的贵族家庭，曾在名师门下学习几何学、自然科学和哲学。后来因为向往东方的智慧，经过万水千山，游历了当时世界上两个文化水准极高的文明古国——巴比伦和埃及(有争议)，吸收了阿拉伯文明和印度文明(公元前 480 年)的文化。后来他就到意大利的南部传授数学及宣传他的哲学思想，并和他的信徒们组成了一个所谓"毕达哥拉斯学派"的政治和宗教团体。

⑦　毕达哥拉斯学派认为数是万物的本原，事物的性质是由某种数量关系决定的，万物按照一定的数量比例而构成和谐的秩序，这是古希腊艺术辩证法思想的萌芽，也包含着艺术中"寓整齐于变化"的普遍原则。

⑧　何柏生：《数学精神与法律文化》，上海人民出版社 2005 年版，第 82 页。

人对时间的理解。在其《蒂迈欧篇》中的宇宙生成论就是将世界以数字规定而运行的，这是一种典型的毕达哥拉斯式，"时间的每一个部分都以这种方式成为完型数（格式塔数），即毕达哥拉斯意义上的数"①。而奥古斯丁则偏向于将时间视为灵魂向外的应力，其最著名的就是音乐旋律体验的例子，通过吟唱过程感知期待转向那些即将"到来"的印象之中。而就是通过这个现在向将来的传递过程，人们才真正感知了当下、过去与未来的一个整体时间流，时间成了一个从一个时间点到另一个时间点的时间区间，"它可以延展到如此之宽，以至于囊括了人的整个一生，甚至代代相传的整个人类的生存"②。在毕达哥拉斯学派看来，对天体的思考和研究，可以帮助人们体验神圣的宇宙的存在，而数字正好可以来说明这种和谐，甚至音乐和天体的和谐也可以通过数来理解。马克思说"时间是人类发展的空间"，"空间是人类发展的目的，而时间是人类发展的途径，人类社会的发展就是一个不断挣脱劳动时间去争取自由时间，不断克服劳动异化实现全面发展的过程"③。

其三，事实的时间之历法。事实上，人们可以进行深入了解并对其日常生活产生更大影响的却是社会时间。历法就是人们利用天象变化的规律来计算时间，划分季节，判别气候，使各种农业生产和人们的日常生活都能适时进行的一种方法。历法是由包含了初始点和确定的数据而构成的，也就是说任何一个计时系统的开始都是有其源头的。虽然历法随着时代的内容会发展和变化，但是历法都是由社会的需要决定的，并且正是基于这种需要而长期存在。比如狩猎时间、集市、节日、典礼和宗教仪式等需要将许多人在一个固定的时间聚集起来，就需要一种对所有人而言都可以理解和认知的时间。而且对这种时间的需要随着社会互动的增加和扩大显得越来越必要和重要。

其四，事实的时间之年度。年度的自然形式是连续性的，而历法中的年度是有开始和结束的标志性事件的，而且一般还与某种社会仪式密切关联。例如

---

① ［德］克劳斯·黑尔德：《时间现象学的基本概念》，靳希平、孙周兴、张灯、柯小刚译，上海译文出版社2009年版，第18页。

② 转引自［德］克劳斯·黑尔德：《时间现象学的基本概念》，靳希平、孙周兴、张灯、柯小刚译，上海译文出版社2009年版，第18页。

③ 转引自汪天元：《时间理解论》，人民出版社2008年版，第470页。

一周长度的差异和变化就是由社会结构的某种状态决定的。早期关于星期的计算方式就和集市这种经济活动方式紧密联系，而与月亮、太阳等没有任何的关系。罗马人 8 天举行一次集市，因此一周为 8 天。西非部落一周为 4 天。多哥族群一周为 6 天。印加人一周为 10 天。古代希伯来人一周为 7 天。因此，可以说历法是最早的社会法，它包括了四季的更迭和节气的安排等社会生活的内容和法则。

(二) 时间的特征

1. 时间是一种意识形态

时间是一种由人的自我感知到的，但又无法实际控制的形态。而这种自我感知的时间受到自我经历影响，甚至直接由自我经历决定。一般而言，充满着变化、丰富和有趣的经历的时间往往让人感觉过得比较快，但回顾时却觉得时间很长。而平淡无奇的日子总让人感觉过得很慢，但是回忆起来却很短，没有任何的记忆。[①] 此外，研究者们通过实验发现，对时间的感受还因为个体代谢的速度而有明显的区别。时间意识不仅和个人的精神状态有关，而且还受个体智力、年龄、环境等影响。[②] 可见，时间的意识是和生活经历紧密相关的。柏拉图在《蒂迈欧篇》里尝试着对时间下了第一个哲学定义，在这个定义中，时间被规定为永恒的映像。自此以后，从中古到中世纪，时间与永恒的两极对立，就构成了欧洲人讨论时间问题的指导线索。亚里士多德将"现在"比作分割线段的点，进而形象地澄清了过去、现在与将来三者间的关系。现在连接着位于其两侧的一条线上的过去和未来，可以被看作过去的终点，也可以被看作未来的起点。"倘若我们将这条线看作一条人们沿着它行走的道路，那么这个点就是一个人们可以停下来前瞻后顾的驻脚点。若是回首已被撇在身后的路程，这个作为回首之起点的驻脚

---

① Allport G, James W, Mcdougall W, et al., *Principles of Psychology*, The Principia Press, 1985, p. 761.

② ［英］约翰·哈萨德：《时间社会学》，朱红文、李捷译，北京师范大学出版社 2009 年版，第 35 页。

点就表现为终点。反之，对于人们向前展望的路程来说，它则是起点。"①从这个意义上讲，现在是虚无的，即一种"在一起中的相互分离"。②"因为时间是向前迈进的，就像这里说的，是依'数'而前进的"③，时间是智者之间永恒的话题。同样，"时间是'思想方式'（笛卡儿语），是'感性直观的方式'（康德语），是'绵延'（洛克、柏格森语）"④，这些经典阐释无一不凝结着人类思考的力量。但时间不仅是一个科学或哲学的概念，而且还是时代文化意识的一个重要组成部分，时间观念的变化在一定程度上也揭示了时代变迁的奥秘。

时空问题在中国古代属于天道论。但时空观念作为人对时空的认识，又属于人道论。这两个方面常常交织在一起。说到时间不得不提到空间。人们经常说时空问题，即说明时间与空间具有紧密的联系。然而时间的功能性决定了其可以改变和重构空间，同时时间对物质存在的内在本质、运动、变化都具有作用，因此，通常也形成了时间可以支配和决定空间的观念。正是由于时间的多变和复杂，人们往往将其视为一种无法把控的意识形态，古往今来人们对时间探索的脚步从未停止。

2. 时间代表着一种秩序

"时间是世界的组成成分，甚至是世界的基本组成成分，因为世界的秩序首先就是以时间为基础的"⑤，"但是时间的观念性，连带空间上的观念性，却是解开所有形而上学谜题的钥匙。因为只有通过时空的观念性，事物不同于自然界中的完全另类秩序才有可能"⑥。而法律价值的内容又是多元的，具有自由、平等、公平、正义等价值，"这种外在的价值体系和与之相适应的制度安排可以为人的

---

① ［德］克劳斯·黑尔德：《时间现象学的基本概念》，靳希平译，上海译文出版社 2009 年版，第 21 页。

② 参见［德］克劳斯·黑尔德：《时间现象学的基本概念》，靳希平译，上海译文出版社 2009 年版，第 25 页。

③ ［德］克劳斯·黑尔德：《时间现象学的基本概念》，靳希平译，上海译文出版社 2009 年版，第 33 页。

④ 喻中：《法律与时间》，载《法制资讯》2011 年第 2 期。

⑤ ［德］克劳斯·黑尔德：《时间现象学的基本概念》，靳希平译，上海译文出版社 2009 年版，第 31 页。

⑥ ［德］叔本华：《叔本华论生存与痛苦》，齐格飞译，上海人民出版社 2015 年版，第 153 页。

政治经济活动提供较为合理的环境，但却不能为造就理想人格或升华人性提供保障"。① 而法律的核心价值是正义，但当时间与具体价值结合，时间就变得具体。因此，以时间为维度的研究此起彼伏，在人类的认识史上从没有停歇。而将时间与正义放在一起做专门研究的却比较少，直接以时间为主题的研究更是凤毛麟角。更多的研究者将时间作为正义的一个构成要素，认为正义的定义随着时空改变。但是直接将时间作为一个正义的研究范畴的法理学研究还比较少见。因此，本书尝试在这个方面做些有益的努力。

3. 时间是人类发展的空间

时间与空间同运动着的物质是不可分的，没有脱离物质的时间与空间，也没有不存在时间与空间的物质。然而，两种都重要，并不代表两者没有独立的价值。时间包含着空间，时间还塑造着空间。马克思对时间与人类的发展进步之间的关系有着深刻的认识，他曾指出时间是人类发展的空间。所谓人类发展的空间其实质就是随着时间的流逝，人的活动和行动创造人类必需的生产生活用品，从而不断发展人类自身和完善人类自身，最终走向人类的繁荣与发展。人类的活动离不开一定的时间和空间，其中时间是反映人类活动的过程，而空间是指人类生存的环境。"社会空间可以分为物质空间和文化空间两大部分"②，具体而言，物质空间强调的是一种基于物质资料的生存空间，而文化空间则更侧重于精神资源的发展空间。当然随着科技发展，人类活动的空间不断在扩大，新兴的生存和发展空间的出现也是一种必然和时间演绎的成果。比如随着信息技术的高度发展，网络空间的出现为人类提供了全新的生活方式。"时间作为人的积极存在，只能在实践活动中获得自己的现实性。劳动时间本身只是作为主体存在着，只是以活动形式存在着。活动不断从主体形式转化为客体的形式，从动的形式转化为静的形式，也就是从时间的形式转化为空间的形式。在社会历史领域，空间是时间的结晶形式。"③人类的任何一项活动都需要时间和空间来确定下来，"时间是人类争取空间的过程，而空间则是人类时间过程的目的"④。人类所从事的所有时间

---

① 於兴中：《法治东西》，法律出版社 2015 年版，第 6 页。
② 汪天元：《时间理解论》，人民出版社 2008 年版，第 158 页。
③ 刘奔：《从唯物史观看科学和技术》，载《哲学研究》1998 年第 6 期。
④ 汪天元：《时间理解论》，人民出版社 2008 年版，第 173 页。

性活动的最终目的都是空间的需要，而人类时间性积极存在的出发点在于，相较于时间，空间具有的稀缺性。因此，"社会时空是可以相互转化的，社会空间是社会时间的凝结，社会时间则是社会发展的空间。社会空间的发展以社会时间的消耗为代价"，随着人类改造能力的不断增强，人类将会拥有更多的发展时间和空间。

三、社会时间的一般结构

社会时间的结构指的是"满足不同需要的各种活动在人的整个时间中所占的比例"[1]，对社会时间的一般结构的认识，是对时间的本质的认识过程。首先，按照人类活动的目的不同，社会时间一般可以分为劳动时间和自由时间两种类型，这两种时间对于人的发展而言都具有工具和价值意义；其次，按照人类时间的分配所属的客体不同，社会时间可分为公共时间和私人时间，从中我们可以看到在社会生活和私人生活之间的时间尺度；最后，从时间的方向及其与历史事件的关系角度划分，社会时间又分为历史、现在与未来三个不同的社会时间段，这是一种纵向看待人类历史的社会时间，"历史都是当代人理解中的历史，过去的历史都需要通过当代人的理解而成为当代史"[2]。

马克思是通过对劳动时间和自由时间的探讨来揭示人类生存和发展的第一人，他通过对资本主义生成方式的分析，展示了资本家对劳动者劳动时间剥削的本质，"劳动时间也始终是财富的创造实体和生产财富所需要的费用的尺度"[3]。人们通过劳动时间创造出了丰富的物质产品，同时还获得精神的自我价值认同感。而自由时间是相对于劳动时间而言的，人们也经常称之为"非劳动时间"。其本身至少包括两个方面的内容：一方面是用于休息娱乐的闲暇时间，其具有恢复劳动力和享受生活的功用，而另一方面还有用于学习和其他高级的自由活动时间，这些时间是一个人提升自我，获得精神满足的必由之路。而这两种时间是一

---

① 刘奔：《从唯物史观看科学和技术》，载《哲学研究》1998 年第 6 期。
② 汪天元：《时间理解论》，人民出版社 2008 年版，第 272 页。
③ 《马克思恩格斯全集》（第 26 卷），人民出版社 1974 年版，第 282 页。

种典型的"零和博弈"①，在时间是个定量的情况下，劳动时间和自由时间是一种
反比例的关系，也就是劳动时间多，自由时间就少，而自由时间多，劳动时间就
少。例如每天 24 小时，如果用了 8 小时劳动，剩下的可利用时间就只有 16 小
时。随着物质文明的满足和精神文明的丰富，人们越发体会到了自由时间的价
值，甚至将其作为一种可计量的资源，小时工的出现就是最典型的表现，这也就
催生了时间效率。而资本社会中所谓的"时间就是金钱"论，更是将效率与时间
的重要性赤裸裸地显示了出来。人们对时间的认识也进入了更加理性的阶段，
"财富的尺度不再是劳动时间，而是可以自由支配的时间"②。但是人们需要注意
的是财富的增长需要劳动时间来累积，但是人类社会的发展归根结底应该是人的
发展，而且是"人的全面发展"。而人的发展的前提就是要拥有一定的自由时间。
诚然，"自由时间是人实现全面发展的必要前提，但不是充分前提，所以一个人
拥有了自由时间不等于他获得了全面的发展，这是两个不同的概念"③。如果将
自由时间用于奢靡浪费、无所事事中，其结果对于人的发展将会适得其反。我们
这里强调的是自由时间所代表的自由选择权，而这种自由选择权使人们可以去继
续接受教育、发展智识、学习艺术或者进行社会交往活动等，这些都会丰富人类
的生活空间，从而促进人的全面发展。

另外，就公共时间和私人时间这一结构而言，其划分的依据是两者间的基本
矛盾。即人必须生活于群体之中，而群体生活必然会产生公共时间，而人就会产
生对公共时间与私人时间分配的平衡问题，"如果社会中每一个成员都完全按照
自己的私人时间各行其是，局面将是十分糟糕的。所以，从私人时间到公共时
间，对个人不是最佳的选择，却是理性的让步"④。

---

① 零和博弈(zero-sum game)，又称零和游戏，与非零和博弈相对，是博弈论的一个概
念，属非合作博弈，指参与博弈的各方，在严格竞争下，一方的收益必然意味着另一方的损
失，博弈各方的收益和损失相加总和永远为"零"，双方不存在合作的可能。也可以说：自己
的幸福是建立在他人的痛苦之上的，二者的大小完全相等，因而双方都想尽一切办法以实现
"损人利己"。零和博弈的结果是一方吃掉另一方，一方的所得正是另一方的所失，整个社会
的利益并不会因此而增加一分。

② 于兵：《法律视野中的时间范畴》，载《法制与社会发展》2004 年第 5 期。

③ 汪天元：《时间理解论》，人民出版社 2008 年版，第 252 页。

④ 汪天元：《时间理解论》，人民出版社 2008 年版，第 259 页。

最后，与前面的横向探讨不同，历史、现在与未来三个不同的社会时间段是从纵向探讨社会时间的结构。过去的历史是"过去时"，已经完成并永远不会改变，当下的历史是"进行时"，正在变化中，未来的历史是"将来时"，尚未发生。如前所述，社会时间又分为自然时间和生活时间，而这种时间的理解方式形式上是线性的自然时间，实质上是基于人类感受的生活时间。人类在对历史事件的理解中，无法回避这种按照因果规律来安排的生活变迁。而这种生活变迁就涉及"时间距离"的问题，"'时间距离'概念用来表示历史理解者和历史文本之间所处时代的不同造成的时间差"①。这种时间差其实本质上是历史理解者和历史文本创造者之间的差距，也就是人与人之间的差距，即"每个人都是历史的创造者和感受者，每个人都是时间流程中的路标和灯塔，每个人都会留下自己的痕迹，他并非匆匆过客，他的肉体可以死亡和消灭，但是他的精神影响和文化生命是可以长存的"②。因此，可以说人类时间观念的变迁是历史意识的表现，"人总是要在历史的时空中找到自己的位置，来反观自己的得失功过、来参照生命中的永恒和流变"。③

第二节 法律中的时间

辩证唯物主义认为时空是物质最根本的客观的存在形式，"一切事物都处于一定的时间和空间之中"，时空域是事物存在和发展的基础。而正是由于时间所具有的普遍性，让人们往往忽略了其自身和对他者的独立价值。研究法律中的时间就是回应时间的这种独立价值。

一、法律规则中的时间

法律规则是法律的基本要素之一，是将具有法律意义的普适性的规定通过法律明确赋予的一种事实状态。《牛津法律理论词典》从法律位阶的角度对法律规则进行了概括，认为规则在几乎所有法律体系中都处于核心地位。④ 而法律规则

---

① 汪天元：《时间理解论》，人民出版社 2008 年版，第 273 页。
② 汪天元：《时间理解论》，人民出版社 2008 年版，第 275 页。
③ 汪天元：《时间理解论》，人民出版社 2008 年版，第 277 页。
④ 参见［美］布莱恩·H. 比克斯：《牛津法律理论词典》，邱昭继等译，法律出版社 2007年版，第 210~211 页。

中的时间的形式较多，有着各自不同的作用，比如法律条文中的时间规则、执行法律中的时间规定和作为法律生成和演进的时间等。时间是法律行为实施的载体和基础，这就是说任何法律行为的实施必须经过一定的时间过程，而这个过程是由人来主观控制的，人对行为的控制过程也就是把握时间的过程，因此，换句话说，通过时间的规制发挥法律的作用其实质上是在法律中发挥了时间的价值。

纵览时间对法律的影响，很容易发现除了在法律规则中的时间的适用过程所携带着的正义价值外，更重要的是时间的理性、秩序性、控制力等特点所决定的时间的哲学精神，是时间的法学研究的基础，一如姚建宗教授所概括的那样，"时间作为法律程序的重要因素，也是宝贵的法律资源之一，而且是最具客观性、平等性、稀缺性的资源"①。法律中的时间表现为一种静态的时间，即通过法条中的时间规制来限制权力和保障权利。宪法作为母法，在法律体系中居于首要的地位，本部分以宪法为研究对象，宪法中的时间大致可以分为以下三种类型：

(一) 一般法律时间

时间在法律中随处可见，通常所提到的法律时间，包括起止时间、生效时间、失效时间、有效期间和溯及力的规定，等等。一般的法律时间往往是一个法条生成的最基本的时间条件，也是辨别法律关系产生和消灭的依据，更是法律效力的作用前提。法律效力"由法律的'合法性'所生成的，至少在形式上反映全体社会成员对于法律的自觉认同，而于法律存续期间，以'规范压力'或'规范动力'的形式积极地指向其规制对象人 (自然人、法律拟制的人) 的作用力"。② 因此，我们也通常将法律中的普遍性时间规定视为一般法律时间。

(二) 法律主体的年龄时间

根据法律行为的性质，对法律主体的年龄进行限制，这本身就是一种尊重人性和自然规律的表现。人的行为能力与年龄有着直接的关系，而宪法中主要涉及政治权利的年龄限制。政治权利行使的前提是应该拥有与相应政治权利适应的独

① 姚建宗：《法律视野中的时间范畴》，载《法制与社会发展》2004 年第 5 期。
② 姚建宗主编：《法理学》，科学出版社 2010 年版，第 61 页。

立的智识体系和价值体系，而比较科学可行的方法是从年龄入手。因为从一般意义上而言，公民的年龄意味着有着与之匹配的普遍的教育水平、认知水平和生活阅历等。

我国现行《中华人民共和国宪法（2018年修正）》（以下简称《宪法》）有两条与年龄相关的限制性法条。第三十四条规定："中华人民共和国年满十八周岁的公民，不分民族、种族、性别、职业、家庭出身、宗教信仰、教育程度、财产状况、居住期限，都有选举权和被选举权；但是依照法律被剥夺政治权利的人除外。"笔者认为将公民享有选举权和被选举权的年龄下限设定为十八周岁，是与我国国民的身心素质和教育体系等国情相适应的。十八周岁的公民基本完成了中学阶段的学习，积累了一定的科学文化知识，已经具备了相对成熟的价值理念，而且也具有了对政治生活的参与热情。《宪法》第七十九条规定："中华人民共和国主席、副主席由全国人民代表大会选举。有选举权和被选举权的年满四十五周岁的中华人民共和国公民可以被选为中华人民共和国主席、副主席。中华人民共和国主席、副主席每届任期同全国人民代表大会每届任期相同。"对国家领导人的年龄限制也是基于生理和心理双方面的综合考虑，四十五岁除了年富力强外，已经具备完备的知识体系和价值体系，也具有了一定的人生阅历，各种价值观已经相对稳定；国家领导人承担着重要政治责任，对其身心有着较高的要求，而设置一定的年龄限制是符合人民期待和预期的。当然，这种只有下限而没有上限的设置，也有值得探讨的空间。总之，国家领导人的年龄限制是一个既体现民主——国家领导人按客观的年龄来设置主体资格，又体现科学——国家领导人的年龄设置要兼顾主体的生理、心理和文化等各个维度。而对于中华人民共和国国家领导人的年龄限制最早可以追溯到"五四宪法"，当时将领导人的年龄写入宪法可以说是一个充分体现民主，同时兼顾国际惯例的过程，"尤其是对于中国这个经历了两千多年封建统治的国家而言更是如此。古代的皇帝是没有年龄限制的，虽然嫡长子继承制可以使得年长的儿子在皇位继承上更具优势，但无法杜绝年幼皇帝继位的问题。在宪法中对国家元首的年龄进行限制，这对一个新生的共和国来说等于实际上废除了世袭制"①。

---

① 秦前红：《五四宪法草案初稿中国家主席制度的雏形》，载《中国法学》2014年第4期。

　　除了上面提到的宪法中对主体的年龄限制外，其他部门法中对法律主体都有年龄的限制，这些都是时间在法律中的体现和实现。而且这种年龄的限制也不是一成不变的，随着时代的发展，法律对主体年龄的限制越来越趋于低龄化，这不仅与人的身心发展特点相适应，更是对低年龄犯罪问题的一种回应。例如近年来，随着未成年人犯罪率的上升，特别是未成年人的校园暴力对被害人造成了严重的身心伤害，而法律却囿于对法律主体年龄的限制，无法有效实现对受害人的法律救济和补偿。2020 年 5 月 28 日，十三届全国人大三次会议表决通过了《民法典》，该法典就对民事主体年龄作出了调整，从之前的十岁改为八岁。这个年龄的调整一方面是对孩子智力成熟越来越早的回应，同时也更好地尊重了未成年人的自主意识。此外，《民法典》对民事行为能力人的相关规定，也主要从年龄的角度对民事行为能力人进行细分，除了区分成年人与未成年人的年龄标准之外，还明确了完全民事行为能力人、限制行为能力人的范畴。① 特别是对限制行为未成年人的规定，从法律的角度回应了现实中未成年人犯罪突出的问题，这些都体现了法律主体年龄时间与法律责任相适应的原则，也是社会发展和法律变迁的必然结果。

(三) 任期时间

　　关于任期的规定。对任期的规定的出发点在于限制权力的行使，从而避免专政和独裁。同时，任期的规定还有利于目标的量化和考核。任期是有时限的，即在一定的时间内去行使法定职责。正是有了任期的规定，才让行政具有了效率。

---

　　① 第十七条 【成年人与未成年人的年龄标准】十八周岁以上的自然人为成年人。不满十八周岁的自然人为未成年人。第十八条【完全民事行为能力人】成年人为完全民事行为能力人，可以独立实施民事法律行为。十六周岁以上的未成年人，以自己的劳动收入为主要生活来源的，视为完全民事行为能力人。

　　第十九条 【限制民事行为能力的未成年人】八周岁以上的未成年人为限制民事行为能力人，实施民事法律行为由其法定代理人代理或者经其法定代理人同意、追认；但是，可以独立实施纯获利益的民事法律行为或者与其年龄、智力相适应的民事法律行为。第二十条【无民事行为能力的未成年人】不满八周岁的未成年人为无民事行为能力人，由其法定代理人代理实施民事法律行为。第二十一条【无民事行为能力的成年人】不能辨认自己行为的成年人为无民事行为能力人，由其法定代理人代理实施民事法律行为。八周岁以上的未成年人不能辨认自己行为的，适用前款规定。

西方谚语有言："deadline is the productivity"（中文意思是"最后期限就是生产力"）。任何事情要想在一定的时间内产生效力，就离不开时限的规定。而任期就是一种任职时限。无论是权力的掌控者或参与者都会因为有了时限的规定，让自己的行动变得有计划和效力。小到个人的任务，大到国家的治理，都离不开时限。因此，有关任期的规定是国家追求效率，从而彰显时间价值的途径。

《中华人民共和国宪法（2018 修正）》中关于任期的规定主要集中在对权力机关的任期规定。关于权力机关的任期规定包括，对全国人民代表大会及其常务委员会、地方人民代表大会及其常务委员会以及最高人民法院和最高人民检察院的任期的规定。第六十条规定："全国人民代表大会每届任期五年。全国人民代表大会任期届满的两个月以前，全国人民代表大会常务委员会必须完成下届全国人民代表大会代表的选举。如果遇到不能进行选举的非常情况，由全国人民代表大会常务委员会以全体组成人员的三分之二以上的多数通过，可以推迟选举，延长本届全国人民代表大会的任期。在非常情况结束后一年内，必须完成下届全国人民代表大会代表的选举。"第九十八条规定："地方各级人民代表大会每届任期五年。"第一百二十九条规定："中华人民共和国设立最高人民法院、地方各级人民法院和军事法院等专门人民法院。最高人民法院院长每届任期同全国人民代表大会每届任期相同，连续任职不得超过两届。人民法院的组织由法律规定。"第一百三十五条规定："中华人民共和国设立最高人民检察院、地方各级人民检察院和军事检察院等专门人民检察院。最高人民检察院检察长每届任期同全国人民代表大会每届任期相同，连续任职不得超过两届。"

宪法中的时限普遍采用的一个时间区间为"五年"。而为什么设定为"五年"呢？其实这是有渊源的。我国在 1949 年以后的经济建设采用的是苏联的发展模式，以五年为一个发展阶段，制定五年期的发展规划和目标。[①] 而为了与经济建设相适应，我国的政策制定和法律规定自然也延续了这个时间区间。对权力机关的任期规定是衡量一个国家对权力的科学限制问题。任期的规定要适宜，过长或过短都会影响权力的效力。过长的任期会滋生利益链，从而产生腐败和独裁等问

---

① 参见秦前红：《五四宪法草案初稿中国家主席制度的雏形》，载《中国法学》2014 年第4 期。

题；过短的任期，则会让权力的行使只顾眼前利益，趋利避害。

笔者认为任期的确定要兼顾权力行使的科学周期，要让权力的行使有效且有制，要设置一个终生考核和问责的机制，从而避免权力蒙蔽在眼前利益之中。2006年6月10日中共中央办公厅同时印发《党政领导干部职务任期暂行规定》《党政领导干部交流工作规定》《党政领导干部任期回避暂行规定》三个法规文件，对领导干部任期和任期回避等都作了更具体的界分。其中《党政领导干部职务任期暂行规定》中明确了规范的主体为党政正职领导干部，① 而对任期和任职时间的特别情况作了详细的说明，亮点是将任期的稳定性和考核问题明确写入了规定，"党政领导干部在任期内应当保持稳定。除有下列情形之一的，应当任满一个任期"，同时"党政领导干部任期内和任期届满应当按照有关规定进行考核，考核结果作为干部使用的重要依据"。可见通过任期和考核的结合，国家治理抛弃了过去单纯对权力进行规制，而是试图通过融合两种制度的限制力，从而产生合力，进而促使权力在规定期限内发挥积极作用。应该说这种观念的转变也是国家治理现代化的一个突出表现。

(四)特殊时期

最后，针对特殊时期的权利保障的规定。《宪法》第七十五条规定："全国人民代表大会代表在全国人民代表大会各种会议上的发言和表决，不受法律追究。"这条是对人大代表在行使代表权利时的特殊规定，其实质上体现了对人民权利的尊重和国家对公民参政和议政权利的特别保护。而之所以将此项权利的行使设定在"全国代表大会各种会议"这个特殊时间段，笔者认为可以从以下两个方面理解：

其一，彰显人民当家作主的法律地位，按照《宪法》第二条的规定，"中华人民共和国的一切权力属于人民。人民行使国家权力的机关是全国人民代表大会和地方各级人民代表大会。人民依照法律规定，通过各种途径和形式，管理

---

① 参见《党政领导干部职务任期暂行规定》，"第二条 本规定适用于中共中央、全国人大常委会、国务院、全国政协的工作部门和工作机构的正职领导成员；县级以上地方党委、政府领导成员，纪委、人民法院、人民检察院的正职领导成员；省(自治区、直辖市)、市(地、州、盟)党委、人大常委会、政府、政协的工作部门和工作机构的正职领导成员"。

国家事务，管理经济和文化事业，管理社会事务"。也就是人大代表在代表人民行使发言和表决权时，不是个人情绪的抒发，而代表的是其身后选民的意愿。因此，无论言论的尺度有多大，法律都是要保障其可以自由地发表观点的。

其二，人大代表作为法律主体，其行为是受到法律的保护和约束的，并不会因其代表身份而产生变化。因此，该法条对"不受法律追究"有时间和地点的明确限定，即在行使人大代表的法定职权时，其言论的自由是受到法律的特别保护的。

二、法律运行中的时间

这是一种动态的时间，指为了体现法律的正义价值而在法律运行中对时间要素特别关注与限定。按照法律运行的规律，主要体现为立法中的时间、司法中的时间和执法中的时间。

(一)立法中的时间

立法中的时间，主要指的是法律在制定过程中要做到与时俱进，从而使立法与社会现实生活相对接，尽量减少由于时空的差异所引起的法律滞后的现象。比如近年来突出的网约车问题，从其刚开始出现时整个社会表现出来的鲜活热情，到乱象丛生，最后发展到倒逼相关法律的出台，是一个典型的法律滞后案例。出租车垄断经营是一直被广为诟病的社会问题，2014年年初，伴随掌上应用的发展，打车软件变革性地"撬动"了出租车行业的神经。双方的争夺大战使乘客享受到了优惠的同时，更加体验到了"上帝"的待遇。2015年年初，滴滴与快的合并后，网约车引来了快速的增长期，而相形之下，出租车行业则处于运营中的寒冬期。由于没有相关立法，这种利益的冲撞必然伴随各种矛盾和冲突的加深。全国部分城市出现了出租车司机打砸网约车的违法案件和出租车司机的罢工事件等。以其中特别典型的两个案例为例：

案例1：2016年6月2日上午11点西安市钟楼附近聚集大量的出租车，有知情者透露此次事件疑似部分出租车司机罢工抵制滴滴、优步等网约车，一度导致钟楼至北大街方向交通拥堵受阻。[①]

案例 2：深圳警方 2016 年 5 月 3 日通报称，2 日晚深圳南山一名 24 岁女性在搭乘一辆网约车后被抢劫杀害，3 日犯罪嫌疑人被抓捕归案。随后，滴滴公司证实这名女性当时乘坐的是滴滴平台的顺风车。[②]

从上面两个案例可以看到，随着互联网技术、共享经济的快速发展，网约车行业也日渐被普通市民所接受、依赖。但新兴产业带来便利的同时，也出现了与传统产业间的利益冲突，此外，不断曝光的行业不良现象，甚至恶性安全事件，也令公众对网约车的安全性产生了疑虑。2016 年 11 月 1 日起《网络预约出租汽车经营服务管理暂行办法》正式施行，然而网约车问题并未就此终结。随着产业的转型升级和更加的精细分化，会有越来越多的如网约车一样的新兴事物出现。如果不从立法原则上树立正确的时间原则——事前原则，必然无法从根本上解决立法滞后问题。互联网技术、共享经济的快速发展，导致新兴事物出现之后引起了社会新问题的滞后反应，而这种滞后就会产生不安定的因素，这种不安定因素对于社会的稳定和国家的公信力是一种巨大的破坏。而破局的关键是，必须要有一套具有弹性的立法原则和机制来适应快速发展和变革的社会，事物的更新换代变得越来越频繁。如果立法只是一味地追在问题后面跑，不仅有潜在的巨大的社会风险，还无法适应人们在应对日益变化的社会生活时对法律的预期。而这种预期的落空，最终牺牲的是法律的公信力和法律的权威。

(二) 执法中的时间

执法中的时间问题主要涉及执行不及时的问题。执行难一直是我国执法中的一个顽疾，突围的关键也是得从源头上去寻找。执法正义体现为行政执法正义，具体体现在执法中就是对权力的控制。权力控制是全面依法治国的关键性内容，

---

① 《西安出租车聚集钟楼抵制网络约车　传统企业的转型之路》，载今日头条网，http://ww.toutiao.com/article/6290972201362096386/？wid = 1699322426387，2021 年 7 月 28 日访问。

② 《深圳一 24 岁女子搭乘网约车　遭司机抢劫杀害》，载中国网·东海资讯，http://jiangsu.china.com.cn/html/law/5435011_1.html，2021 年 10 月 11 日访问。

也是法治社会的核心要义。韦德在《行政法》中就权力与法治的关系明确指出，"政府权力的膨胀更需要法治"①。柳砚涛教授对时间的控权功能有过深入的研究，他最大的贡献在于通过界分时间的实体控权功能和程序控权功能，提出了界分时间权力违法和时间程序性违法时应当采取的两大原则：第一，时间权限违法和时限程序违法是有区别和主次的，时间权限违法是首要的和根本性的，而时限程序违法是词义的和非根本性的。第二，应厘清违法行为与时间违法法律性质之间的关系。② 不过，时间的控权功能是时间的一个法律作用，"时间是权力取得和丧失的法律界限"，而正义是法律的核心价值，进而时间的控权功能确切地说是通过时间而达致的法律正义，也可以简称为时间的正义。从法理学角度分析，时间控权是通过时间来限制权力行使的法律，这只是方法，不是目的。而权力控制的实质还是为了法律正义的实现，因此，可以在探讨时间功能的同时，探究其背后边界的正义价值，并且从实体和静态角度看，时间是行政权产生和消灭的界限，是权力是否被滥用的判断标准之一；从程序和动态角度看，时间是权力的程序限制，是判断权力是否违反时限程序的法律标准。

(三) 司法中的时间

司法中的时间，强调在司法的全过程，注重当事人的时间权利，这就是一种时间。而了解司法中的时间最好的途径就是分析司法中的时间非正义。而司法中的时间非正义最典型的就是超期羁押和审判延迟等问题。超期羁押问题的根源在于传统司法过程中对人权保护意识的薄弱。随着我国相关法律制度的健全，《公安机关办理刑事案件程序规定》(2020 年修订)等相关法规的出台，超期羁押现在已经发生了根本性的改变。但是羁押期间对于当事人人权的尊重问题，还需要更加全面和细致的保障。审判延迟也是司法中时间非正义的一个突出问题。

　　案例 3：1986 年，原海南省某区公所作出一份处理决定，明确农民曾某享有一块宅基地的使用权，但同镇的陈某认为那块土地的使用权应该归他，

---

① 韦德：《行政法》，中国大百科全书出版社 1997 年版，第 28 页。
② 参见柳砚涛：《时间的控权功能探析》，载《社会科学辑刊》2007 年第 3 期。

因而拒绝拆掉屋墙将地归还给曾某。1987年8月，曾某将陈某告上法庭。其间反复拖延，曾某多次到法院询问，但都没有得到答复，一直到19年后才最终通过法律途径拿回自己的土地①

本案是一个案情简单清晰、关于宅基地的民事案例，但却曲曲折折经过了从诉讼到宣判长达19年的司法期间。针对办案的相关司法人员的渎职行为应该追责。但是细思如此长的时间跨度的司法延迟，除了办案人员的工作作风问题，更多的是应该追问背后的制度性问题。我国三大诉讼法《民事诉讼法》《刑事诉讼法》和《行政诉讼法》中对案件的受理、审理和办理都有明确的时限规定。而法律的规定是一回事，法律的实施又是另一回事。司法中重视时间，严格及时司法，不仅是公平正义的体现，更是法治社会的根本要求。而要真正地保障人民的时间权益，除了需要司法人员站在当事人的立场去保护时间背后的权益外，同时也需要当事人有一定的法律常识或获取法律知识的途径，从而更好地维护自己的权利。

三、法律中的时间和法律时间的界定

本书涉及的时间是一种社会时间，"是包含人类合目的性活动的客观过程"②。因此，本部分侧重于社会时间的结构阐释。社会时间不是均匀流逝的牛顿时间，也不是随着运动速度和质量大小而变化的爱因斯坦时间。社会时间强调人在时间中的作用和影响。法律与时间研究的重点在于对两者之间逻辑关系的研究。正如中国的古话所言，"法与时转则宜"。时间是法律存在和发展的重要基础，法律是时间运行和发挥作用的确认和保障。而本书研究的时间主要是广义的法律运行中的时间，即立法中的时间、执法中的时间和司法中的时间。同时也会具体论及法律构成要素的部门法中的时间。法律时间是指与法律相关的一切时间，而法律中的时间，指法条中的时间和法律运行中的时间。

---

① 张树义：《迟来的正义等于无正义》，载《共产党员》2006年第9期。
② 汪天元：《时间理解论》，人民出版社2008年版，第248页。

第二章　时间与法律的存在与运行

"时间是人类发展的空间"，时间对于法律的影响和作用，除了事前事后的秩序性影响外，时间本身也是法律规则的重要存在形式、法律适用的范围之一、法律成本的重要指标、法律程序的构成要素和法律执行的重要依据等。吴经熊先生早在民国时期就提出了闻名的法律三度论，即"每一个特殊的法律，均具有三度。一是时间度，所有法律均存续于一定时间之中，都具有时间属性……时间'吞食'一切存在的事物，因此具体存在的法律，亦不能免为时间所吞食"。① 从而突出了时间对于法律的重要性。这是一种"在任何'法律'当中，'时间'都始终是一个极其关键而居于核心地位的实质性构成要素……正是'时间'创造、构成并维系着'法律'之作为'法律'的真实存在"。② 时间是法律效力的主要内容之一，时间效力使法律的适用有了具体的时间范围，即法律的生效时间、法律的失效时间和法律的溯及力等内容。因此，时间不仅仅是事物存在的形式，当时间与法律发生关联时，时间更赋予了法律以效力、价值等内涵。而作为法律构成要素的时间往往被作为存在形式的时间所遮蔽或者掩盖，因此，本书致力于研究法律中的时间的作用、功能、地位。

第一节　时间是法律规则的存在形式之一

时间与空间，这是一对哲学范畴，是一切物质的存在形式之一。时间与空间

---

① 吴经熊：《法律的三度论》，载许章润主编：《法律哲学研究》，清华大学出版社 2005 年版，第 17~18 页。

② 姚建宗：《法治的生态环境》，山东人民出版社 2003 年版，第 197 页。

被作为一种存在的场域，经常被放在一起来进行研究。时间与空间同运动着的物质是不可分的，没有脱离物质的时间与空间，也没有不存在时间与空间的物质。法律作为一种物质现象，同样离不开时间与空间。鲜活的法律制度不仅存在于一定空间中，而且也存在于特定的时间域下。① 换句话说，时空也是法律存在的形式。法律规则是法律的主要构成要素，也是唯一受到普遍认可的基本要素。比克斯认为法律规则在几乎所有的法律体系当中都应当处于核心地位。② 很多法律规则都有时间的身影，离开了时间的法律规则很大程度上难以适用和运行，进而也失去了独立的价值和意义。

一、法律规则的内涵与特征

法律规则是将一种确定的法律后果作用于一个确定的具体事实状态的法律。③ 法律是通过法律规则产生效力。而法律规则的稳定性、确定性和权威性则是由特定的时空场域决定。一条有效的法律规则的适用条件和事实状态与案件的具体情况相吻合才是法律规则适用的前提，否则就无法适应于该案件。法律规则的特征包括以下几点：

首先，法律规则具有一般性和普遍性。就是说，法律规则针对的是某一类人或事件，而不是个别的法律行为，这也是法律规则区别于普通的法律判决的根本区别。例如，公民都有接受义务教育的权利，这是一项对于学龄儿童而言普遍的和一般的权利。而个别孩子未能接受完整的义务教育，这只是个别的违反受教育权的违法行为，根据公民有接受义务教育的法律规则，该违法行为应该得到纠正。

其次，法律规则之间经常处于一种相互协调的状态。也就是说法律规则一旦颁布就应该得到遵守，法律规则之间是一种补充协调的关系，不能互相牵制甚至矛盾，这是法律规则在时间上的连贯性的体现。而促使法律规则和谐一致的方式

---

① ［美］伯尔曼：《法律与宗教》，梁治平译，中国政法大学出版社 2003 年版，第 149 页。

② 参见［美］布莱恩·H. 比克斯：《牛津法律理论词典》，邱昭继等译，法律出版社 2007 年版，第 210~211 页。

③ 参见［美］庞德：《通过法律的社会控制——法律的任务》，沈宗灵译，商务印书馆 1984 年版，第 23 页。

无外乎有两种，一是将矛盾的一个规则设定为另一个规则的例外情况。例如我国《民法典》第一百一十条规定，民事主体的人格权"自然人享有生命权、身体权、健康权、姓名权、肖像权、名誉权、隐私权、婚姻自主权等权利"。公民享有肖像权，未经本人同意，不得以营利为目的使用公民的肖像。当然，构成侵犯公民肖像权的行为，通常应具备两个要件：一是未经本人同意；二是以营利为目的。除此之外，恶意毁损、侮辱、丑化公民的肖像，或利用公民肖像进行人身攻击等，也属于侵害肖像权的行为。可是在通缉罪犯的时候我们就可以基于公共安全的考虑，对通缉罪犯的照片进行公布。另外一种方法就是依靠法律规则产生效力的位阶进行规制。例如上位法优于下位法，后法优于前法，特别法优于普通法。

最后，法律规则如法律体系的构成一样，具有强行性和伦理性两个方面。法总是在传统要素和现代要素之间来回摆动。通常而言，成文法或法的强行性部分是现代意义上的法的构成要素。而且，随着法的形式发展，其越来越具有主导性。当前世界各国的法律中，传统性要素是一种相对比较古老的历史性要素，而法学和司法的发展就是以类推的方式在其基础上进行的。[①]

二、时间在法律规则中的地位

时间在法律规则中的地位，主要表现在时间是法律规则的存在形式。"法律是通过创造性的法学活动和哲学思维以及其他的非强制性因素得以存在、发展和完善的"[②]，因此，在立法、执法和司法中，必须清楚法律现象所处的时间与空间，实质上这就是每一个法律现象都存在，也必须存在所处的历史背景。如在改革时期的立法与平时的立法便有所不同，前者强调法的废、改、立，而后者突出法的持续性与稳定性。再如立法在盛世和乱世时，所坚持的原则也有不同，一般坚持盛世用轻典，乱世用重典。也就是说，法律体系无论多么完善，法律规则无论多么精准有效，也只能调整一定时空域下的法律关系，新的法律关系伴随时空的推移出现。[③] 此外，时间也是法律规则的构成要素，例如，《民法典》第十三条

---

① 参见[美]庞德：《法理学（第二卷）》，封丽霞译，法律出版社2007年版，第2页。

② [美]庞德：《法理学（第二卷）》，封丽霞译，法律出版社2007年版，第13~14页。

③ 参见连洁、陈乃新：《法律时间论视野下的经济法调整对象》，载《南华大学学报（社会科学版）》2008年第9卷第2期。

规定："自然人从出生时起到死亡时止，具有民事权利能力，依法享有民事权利，承担民事义务。"可见，时间可以说是大部分权利和义务规制的前提要素。在适用法律时，时间也是必须考量的因素，例如，在查阅法律时，法律现行有效是其适用的前提。

总之，时间是法律规则的存在形式，时间也是法律规则的构成要素之一。任何一条法律规则都离不开其适用的时间，法律规则的权利分配和责任分担往往要通过时间来限定和规制等。

第二节　时间是法律适用的范围之一

一、法律适用中的时间问题

法律适用一般指法的实施。法律的灵魂在于适用，因此研究法律适用中的时间问题是法律与时间两者间的首要问题。而这里主要论述法律适用中司法活动的时间问题，以及这些时间问题对社会活动产生的影响。例如近年国内接连对以谭新善、聂树斌和呼格吉勒图为代表的几起重大刑事中的冤假错问题进行了改判。这些改判随着互联网信息传播的快捷也在较短的时间内就受到了社会普遍的关注，并引起了人们对"迟到的正义"这一话题的激烈讨论。社会的焦点不仅仅集中在"冤屈"，还有较大部分关注点在于"迟到"的价值。众所周知，在法律适用中，尤其是司法过程中，对案件发生的时间与空间的查明，对案件事实真相的追寻和当事人获得最终公正裁判结果具有重大意义。因为任何一个法律案件，都发生在一定的时间与空间之中，这是案件发生的先决条件。如果嫌疑人没有作案的时间与空间，则应立即无罪释放，这是对公民权利的基本保护也是司法的基本原则之一。如果有作案时间，那么这个时间与空间就成为案件的重要内容。实践证明：一个优秀的侦查员在破案中必须把握的第一要素就是时间与空间。同时，时空也是确定法律管辖的重要依据，如属地管辖、审级管辖，甚至指定管辖，都与时间与空间有密切关系。特别是在涉及跨国案件时，除了对案件发生时间确认外，确定法律管辖还涉及几个原则：其一，属人原则。这是历史上最早确定通用的法律原则，即凡是本国人或组织，无论在国内或国外发生法律案件，均受本国法律管辖。很显然，这一原则在一定程度上有碍对国家主权的维护，因为按此原则外国公民和无国籍的人则不受法律约束。其二，属地主义原则。即凡属一国管辖范围的所有人，无论是本国公民或外国公民及无国籍的人，均受该国法律约束。这一原则也有碍国家主权，使该国公民在国外违法时不受法律追究，其权利也得不到保障。其三，保护主义原则。这是帝国主义原则。其含义是：只要有碍本国利益，一律受该国法律约束，而不管当事人是何种国籍或无国籍的人。这种只顾本国利益，而有碍他国利益的原则，当然不受欢迎。其四，以属地主义为主，兼顾保护主义、属人主义的综合原则，这一原则为绝大多数国家所接受，我国也适用这一原则。而无论采取哪一种原则，作为法律适用的范围，时间都是必须考虑的因素。

近年来，国内的冤假错案引发社会的关注与讨论，人们在对冤假错案受害者报以同情和对历经多年后案件真相大白唏嘘的同时，更多的是想探知背后的缘由，以及怎样才能避免冤假错案的发生，同时也发起了追问，"迟到的正义是正义吗"？1963年4月，马丁·路德·金博士在伯明翰监狱中写出的"任何地方的不正义都威胁着所有地方的正义"至今还警醒世人。这句话的实质就是告诫人们，正义是一个世界性的命题，也是全人类的命题。面对冤假错案时，迟来的正义是非正义的，我们在追求公平正义的道路上，一定还要警醒，对于当事人而言及时正义才是真正的正义。因此，反思法律适用过程中的司法过程，关注司法过程中的时间以及效率，同时通过理清其核心范围之时间都是通往正义之路。

二、法律适用的范围之时间对正义的追求

在法律适用过程中，需要对正义进行再定义，理解正义的维度，以更好地设定时间，从而更好地实现其应然层面的正义性。对正义的再定义，应该是宏观的，役于小范围的正义是不可能的，也是不现实的，更是非正义的。当今，人类对正义的求索还一直在路上，正义的内涵和范围都是不断变化的。正义已经成为全球性的命题，也是每个人一生的命题。因为人除了满足基本的生活以外，更有着最基本的精神需求。而这些支撑基本精神需求的基本要素就是正义。从薪酬分配到教育公平，从健康保障到发展机会，这些基本而朴素的内容也是正义的内容。这些正义内容的核心就是对美好生活的向往，随着时间的推移，正义的形式

也会有变化，但是其核心内容不会改变。就像友情，不同的年龄段，有着不同的定义和标准，但是真诚和善意永远是不变的主题。因此，致力于追求一种全球性的正义对话开始在全世界范围内逐渐兴起，美国部分学者对此的态度是，"寻求世界正义需要诸多全球性制度的发展和组织的改进，但我们对制度分析的兴趣必须处于更深层次，即着眼于全球正义本身的某些整体性理念"①。因此，正义是人类共同的主题，虽然正义的内容会因为国家、社会、民族和宗教等外部环境而有所不同，但其核心内容应该是一致的。无论时间的车轮停留在何处，历史已经证明，和平与发展应该也必然是正义的最终目标。

首先，对正义的追求并没有随着时代的演进和科技的进步而停滞，反而是越发凸显其生命力和活力。关于正义的研究层出不穷，其中纽康姆先生的"世界正义项目"引起了广泛的关注，该项目是一个非政府、非营利性组织，最初（2006年），它只是美国律师协会下的一个项目。直到 2010 年"世界正义项目"才正式成立，并得到梅琳达·盖茨基金会、福特基金会、谷歌和微软等公司的大力支持，致力于在全球推广法治理念与制度。"世界正义项目"通过将法律、经济学、政治与社会学和国际关系等领域的专家集合起来，共同探讨法治及其全球化带来的后果。该项目受到的关注度和受到的欢迎度表明，无论身处何方，无论贫富，对正义的追求是人类共同的话题。

其次，《欧洲人权公约》第六条规定了详尽的公平审判之权利，"在有关自己的民事权利和义务的决定或针对自己的刑事控诉中，任何人均有权利在合理的时间内，从一个依法建立的、独立和公正的法庭中获得公正和公开的审理"。② 任何人在作为被告时，应该也理应有足够的时间及设备可以准备防御的方法、接近诉讼代理人的权利、和证人交互诘问的权利和请求免费翻译员协助的权利等。任何人都有获得司法救济的权利，这是对人生而为人权利的尊重更是对权力的敬畏。

---

① ［美］赫克曼、［美］尼尔森、［美］卡巴廷根：《全球视野下的法治》，高鸿钧、鲁楠译，清华大学出版社 2014 年版，第 57 页。

② 徐亚文：《程序正义论》，山东人民出版社 2004 年版，第 2 页。

最后，除了置身于正义的追求与司法过程中外，时间作为法律适用的核心范围，在关系人类命运共同体的重大法律领域更应凸显其价值性。例如人们应在法律适用中遵守各项环境保护规定。在自然进化史这一大的时代背景中，资源枯竭、环境恶化、生态失衡等现代性问题日益凸显，人类的生存与发展受到了严重的威胁，特别是城市化和现代化过程中产生的粉尘问题、排放问题等，已经严重威胁到了人的健康、生命等基本生存权利。环境问题已经从一个社会问题，演变为政治问题、制度问题和法律问题。而一切的根源就在于人们忽视了时间的累积在成就和破坏世界中的巨大作用，漠视了大自然对人类的警告，现在人类身处于大自然对其的惩戒之中，无法做淡定的旁观者。必须拿起法律的武器去回应和修复满目疮痍的世界。在这场夹带着技术的人群和大自然战役里，时间既是目击者也是记录者。这种盲目的发展和扩张，将人类自身进一步的生存和发展置于触目惊心的危险境地。当代世界，物质文明的高度发展和环境污染造成的生态危机同时并存，资源耗竭、臭氧层空洞、全球变暖、生物多样性锐减、土地荒漠化、水域污染还有核废料的长远威胁，等等，所有这一切无不向人们传递这样的信息：人类今天毫无节制地耗费着地球资源并从中获益，实质上是以严重牺牲后代人的生存和发展为代价。人类的过去、现在和未来是不可分割的整体，人们无法割舍其一，更无法对其进行优位排序。因为人类的存在与发展就是时间的绵延，而将过去、现在和将来三者的美好融贯一体才是人类生存的最终目的。因此，在自然史这一时间中，马克思曾经说过，"自然界，就它本身不是人的自身而言，是人的无机的身体。人靠自然界生活。人的肉体生活和精神生活同自然界相联系，也就等于说自然界同自身相联系，因为人是自然界的一部分"。① 人们对大自然的不断索取和践踏，其实质是对自我的毁灭。很多学者已经看穿了其中的端倪，"广告业和大众传媒业学会了如何塑造欲望，以促使人们对他们拥有的东西感到不满"②，"消费主义使得人类耗费资源成倍地增长，它们共同引发的结果就是对有限资源的无限挥霍，继而造成严重的资源和环境问题"③。因此，在环境法律

① 《马克思恩格斯全集(第42卷)》，人民出版社1979年版，第95页。

② ［美］理查德桑内特：《新资本主义的文化》，李继宏译，上海译文出版社2010年版，第107页。

③ 柯彪：《代际正义论》，中共中央党校2008年博士论文。

适用过程中，法律的执行者更应该高瞻远瞩，以为历史和后代负责任的态度，不困于当下，为人类长远的幸福和发展司法。环境法律适用首先应遵循其部门法律特点进行使用，并依据环境发展的要求来实现正义，以有效设定时间使环境得到更加有效的保护，遏制生态破坏与环境污染的发生，从而实现时间上的正义追求。

第三节　时间是法律成本的重要指标

一、法律成本

法律成本是一个法经济学的概念，顾名思义，法律成本就是法律在制定和实施执行时所需要的费用，因此法律成本是由两部分组成的，一部分是法律的制定成本；一部分是法律的执行成本。而法律成本的具体内容包括时间、金钱、人力和物力等成本。显而易见，时间是法律成本的具体内容之一，在具体案件中，时间也是法律成本的重要指标。

国家的法律是由国家的最高权力机关制定的，资本主义国家的法律是由国家的议会制定的，社会主义国家的法律是由全国人民代表大会及其常务委员会制定的，无论是资本主义国家的议会还是社会主义国家的人民代表大会，其的召开都是有成本的，专门为制定法律而召开的会议的成本自然是要算在法律的头上，这就是法律制定时所需要的成本。现在的问题是制定一部法律到底需要多少成本，有时候可能仅仅需要召开一次会议就把法律制定下来了，而有的时候则可能需要召开三次、五次，甚至是十次才能把法律制定好。一次会议所需要的成本与十次会议所需要的成本自然不同，很明显十次会议所耗费的成本肯定要比一次会议所耗费的成本要多得多，这些成本可能是 10 万元也可能是 100 万元或者是 1000 万元。可难道因为成本过大我们就不召开会议来制定法律了吗？明显不行，因为一部能够切实维护国家安全、社会安宁、保障公民权利的法律对国家和社会产生的价值是无法用简单的数量来进行衡量和统计的。经济学讲究的是投入(成本)和收益(回报)的关系，当投入小于收益的时候，说明是盈利的，则投入具有可行性；当投入大于收益的时候，则说明是不盈利的，投入具有不可行性。将此规则套入法律的制定方面，假设制定一部法律的成本是 100 万元，而这部法律所产生的社会效用(价值)是 10 万元，那么该法律则完全没有制定的必要，因为制定该法律所耗费的成本太大，而产生的价值太小，纳税人是不会同意的。因此，在制定法律时对立法成本进行评估或预判是有必要的，这是法律成本的重要内容，也是考量立法必须性和合理性的基础。

二、时间是法律成本的重要指标的理由

第二次世界大战以后形成和发展起来的"经济分析法学""法律经济学""法和经济运动"等，将许多经济学的理论模式和研究方法引入法学领域，为法律制度设计提供了一套认识、利用及合理配置法律资源的方法和工具，从而不断加深和丰富人们对法律的认识，朝着最大经济效益的目标改革法律制度。

首先，"法律成本"这个概念越来越引起人们的兴趣，它是指"法律系统运作的全部费用支出。具体包括立法、司法、执法、守法各法治环节中当事人实现权利、行使权力、履行义务和承担责任所耗费的人力、物力、财力和时间资源"。也有学者把"诉讼成本"划分为"显性成本"与"隐性成本"，认为"凡是不直接以金钱支付但隐含金钱支付的时间、距离、程序等形式表现出来的耗费即属于隐性成本，如期限、管辖、诉讼的合并与分离等"。可见时间是法律成本之一。

其次，基于自然科学和哲学对于时间的认识，时间的不可逆性和不可再生性，决定了它是世界上唯一最短缺和最宝贵的资源，节约时间是整个社会经济活动的客观要求和普遍规律，一切节约归根结底是时间的节约。在法律领域中同样存在着如何对稀缺资源进行有效配置、如何使有效资源得到充分利用而不被浪费的问题。法律运作使用和耗费的资源，抽象地说都占用一定的时间和空间，具体地说都是各种人力、物力和财力的耗费。总之法律运行过程中时间的节约是提高法律效益和效率，降低法律成本的重要环节。特别在某些以利益、秩序和效率为首要价值追求的法律领域，比如交通信号灯的时长如何设置等问题这些关于时间问题的研究更具实践意义。

第四节 时间是法律程序的构成要素

一、法律程序

法律程序的相关理念可以追溯到 11 世纪的西欧，1024—1039 年在位的康拉德二世颁布诏令："不依帝国法律以及同级贵族的审判，不得剥夺任何人的封地。"①这一规定凸显了再审理案件中，一定的法律程序是必不可少的。可见，法律程序在西方是有着深厚的渊源的。而直到 1354 年，"正当程序"才正式出现在法学领域，英国国王爱德华三世在当年颁布的第 28 号法令第三章规定："未经法律的正当程序进行答辩，对任何财产和身份的拥有者一律不得剥夺其土地或住所，不得逮捕或监禁，不得剥夺其继承权和生命。"②

法律程序目前主要有两种论说，一种是程序工具主义论，另外一种是程序本位主义论。前者认为程序本身没有内在正当性的自足特征，其存在完全依赖于程序外的目的与价值，也就是说程序仅仅是手段，实体才是最终目的。一个程序的好坏是由其是否能产生一个好的判决来判断。波斯纳和庞德等学者比较支持这种观点，认为程序是为效率和实现社会控制服务的，程序不是目的。而后者认为程序有其自身的独立价值，公正合理的程序是保障结果正义的必要条件。萨默斯、贝勒斯和罗尔斯等比较支持程序本位主义，认为实质的正确与否是很难判断的，必须要基于程序才能完成。法律程序是连接案件、判决、信任和遵守这一系列法律过程间的纽带，而时间无疑是其中最重要的程序性要素。

通常所说的法律程序专指正当的法律程序。英国的丹宁勋爵在其《法律的正当程序》一书中对正当的程序定义为："法律为了保持日常司法工作的纯洁性而认可的各种方法：促使审判和调查公正地进行，逮捕和搜查适当地采用，法律援助顺利地取得，以及消除不必要的延误，等等。"③正当的法律程序是权利实现的

---

① 参见姚建宗主编：《法理学》，科学出版社 2010 年版，第 442 页。
② 参见姚建宗主编：《法理学》，科学出版社 2010 年版，第 442~443 页。
③ ［英］丹宁勋爵：《法律的正当程序》，法律出版社 2015 年版，第 2 页。

保障。正如弗里德里希所论述的那样，"在对各种可能的选择谨慎地加以权衡之后精雕细刻出来的程序，是保证一个文明社会认为值得保护的所有不同权利最大限度地实现的唯一方法"。[①] 时间的理性可以赋予法律程序的理性作用，即正当的法律程序可以发挥利于排除情感的干扰，隔离裁判过程和裁判结果，同时确保结果可提高可接受性等作用。

二、时间是法律程序的构成要素的理由

法律程序本身就包含着对时间的遵守、规制和安排。法律程序中的时间表现为一种法律秩序。广义上讲，秩序是指自然界和人类社会发展变化的规律性现象。博登海默认为，秩序"意指在自然进程和社会进程中都存在着某种程度的一致性、连续性和确定性"。[②] 他还详细论述了自然界中有序模式的普遍性对人类社会生活和制定法律规范的影响，指出在那些对这颗行星上的生命体的日常生活起着决定性影响的外部自然界的现象中，人类通过对自然世界秩序的认识，对社会秩序具有普遍的追求，秩序成为构成人类理想的要素和社会活动的目标，而法律正是在建立和维护社会秩序的过程中成为秩序的象征。卡多佐就曾说："如同在大自然的进程中一样，我们赋予了连续一致性以法律这个称谓。"法律的程序性特征是能够使法律成为社会秩序象征的决定性因素，程序的时间性要求既是法律技术方面的要求，也是法律关系主体选择法律行为的必要限制，时间的合理设计应是正当法律程序内容的特征，也是主体权利平等的形式保障。可以说，自然世界的秩序如时间规律的作用，为社会生活的秩序提供了规则性的范本。那么法学研究时间问题，即把自然秩序的规律引入社会秩序的规制，使社会成员的行为有章可循，在行为之前可以预测，并凭借预测对行为后果或事件发展过程来安排和计划其生活内容。

[①] ［英］弗里德里希：《超验正义：宪政的宗教之维》，周勇、王丽芝译，三联书店 1997 年版，第 107 页。

[②] ［美］博登海默：《法理学：法律哲学与法律方法》，邓正来译，中国政法大学出版社 1999 年版，第 219 页。

第五节　时间是法律执行的重要依据

执行，这是法律运行的关键环节。制定法律的目的就在于执行，而时间与空间是法律执行的重要依据，因为离开了时间与空间，法律便无法执行。同时，我们通常所言的一部好的法律应该兼具及时性和前瞻性，体现时代的特征。时间是法律执行的关键依据，法律执行包括民事执行、刑事执行和行政执行等，但是本书所论及的主要以民事执行与刑事判决执行为主。

一、时间是民事执行的重要依据

民事法律执行简称民事执行，又称民事强制执行，是法院的执行机构依照法定程序运用国家强制力，强制被执行人履行生效法律文书确定的义务，以实现申请执行人合法权益的一种法律活动。民事执行必须具有执行依据。在我国，执行依据通常是指法院的判决书、裁决书和调解书；仲裁机构的裁决书和调解书；公证机关具有强制执行的公证债权文书等生效法律文书。必须指出的是，按我国民事诉讼法规定，当事人申请强制执行的期限为两年，从法律文书规定的履行期间最后一日起算。法律文书规定分期履行的，从规定的每次履行期间最后一日起算。法律文书未规定履行期间的，从法律文书生效之日起计算。[①] 在执行中，申请执行人与被执行人达成和解协定后，请求中止执行或撤回中止执行的，可以终止执行。当前有些法院已在院内设立了执行局，对加强完善民事执行大有好处。

例如，死亡时间的法律认定就会影响继承的顺序，并影响继承的份额。

2013 年 12 月 20 日，云南柏联集团有限公司总裁郝某乘坐的直升机在法坠入多尔多涅河，同机其年仅 12 岁的儿子也遇难。郝某去世后，据报道其留下高达数百亿元的遗产。按照找到遗体的时间，法国方出具了死亡证明。随后，郝某年近九旬的父亲郝某某与郝某妻子刘某某就这笔巨额遗产的分割

---

① 参见《中华人民共和国民事诉讼法》（2023 修正）。

起了争执。而郝某的死亡时间成遗产判决的关键要素。①

根据我国法律规定，公民的死亡分为自然死亡和宣告死亡。这两种方式都属于公民在法律上的"死亡"，其死亡时间也都应由法律明确规定。② 按照我国当时《继承法》的规定，公民死亡，在现实生活中是极其复杂的，有时公民死亡的时间对有关人员利益影响甚大，因而我国的司法解释就某些特殊情形下如何确定公民的死亡时间作了规定：①互有继承关系的几个人在同一事件中死亡，如不能确定死亡的先后时间的，推定没有继承人的人先死亡。②如果长辈和晚辈在同一事件中死亡，死亡的先后顺序无法确定的，推定先辈先死亡。③如在同一事件中死亡的辈分相同的人，不能确定死亡时间的，推定同时死亡，彼此之间不发生继承。因此，在没有明确证明死亡时间的情况下，应该认定父亲先死，那么，郝某的遗产将会由他的儿子郝某某继承，而郝某某死亡后，则由他的母亲刘某某来继承。所以如果时间确定为两人同时死亡，刘某某将继承自己的份额和儿子的份额，但若坠机时郝某未死亡，而是在河里漂了数日才死亡，那么，继承的先后顺序就不一样，他的父亲获得的继承份额也会不同。现在原告方面请求法院判决后者，因为"法国当地政府出具的证明报告上，确认郝某的死亡时间 2014 年 2 月 14 日"，而这个死亡时间是晚于其子的死亡证明上的时间的。因此，该案中对死亡时间的确认是以死亡证明为准，还是以特殊情形下的死亡时间确认为准才是解决该案的关键。

---

① 《云南翁媳争 200 亿遗产案续：富豪死亡时间成关键》，载凤凰网，https://news.ifeng.com/a/20170420/50970533_0.shtml，2021 年 12 月 13 日访问。

② 根据《民法典》的规定，第四十六条　自然人有下列情形之一的，利害关系人可以向人民法院申请宣告该自然人死亡：

（一）下落不明满四年；

（二）因意外事件，下落不明满二年。

因意外事件下落不明，经有关机关证明该自然人不可能生存的，申请宣告死亡不受二年时间的限制。

第四十七条　对同一自然人，有的利害关系人申请宣告死亡，有的利害关系人申请宣告失踪，符合本法规定的宣告死亡条件的，人民法院应当宣告死亡。

第四十八条　被宣告死亡的人，人民法院宣告死亡的判决作出之日视为其死亡的日期；因意外事件下落不明宣告死亡的，意外事件发生之日视为其死亡的日期。

二、时间是刑事判决执行的重要依据

刑事判决的执行，是指人民法院将已发生法律效力的判决和裁定交付执行机关，以实施其确定的内容，以及处理执行中的诉讼问题而进行的各种活动。刑事判决的执行与时间、空间有着直接的关系。至于执行机关有几种情况对判处死刑、罚金和没收财产的判决，以及无罪或免除刑罚的判决均由人民法院自己执行。对判处死缓刑、无期徒刑、有期徒刑的罪犯，由公安机关交监狱执行刑罚。对判处拘役的罪犯，由公安机关执行。对未成年的罪犯，则在未成年犯罪管教所执行。对判处管制、宣告缓刑、假释的罪犯以及暂予监外执行的罪犯，以及依法执行社区矫正的人员，由社会矫正机构负责执行。对判处剥夺政治权利的罪犯，由公安机关执行。执行期满，应由执行机关书面通知本人及其所在单位、居住地基层组织。下列刑事判决的执行直接涉及时间与空间：

其一，死刑判决的执行。原审人民法院在接到高级人民法院交付的最高人民法院的执行死刑命令后，必须在 7 日内执行。人民法院在交付执行死刑 3 日前，应通知人民检察院派员临场监督。临场执行死刑时，应由人民法院审判人员负责指挥执行，具体由司法警察执行。执行死刑后，在场书记员应当写成笔录，包括执行死刑的地点、时间、方法，审判人员、检查人员、负责执行人员的姓名以及执行死刑的有关情况。

其二，死缓刑、无期徒刑、有期徒刑和拘役的执行，按刑诉法规定，凡被判处死缓刑、无期徒刑、有期徒刑和拘役的罪犯，人民法院在判决生效后 10 日内将有关法律文书送公安机关、监狱或其他执行机关。在交付执行刑罚时，同时要交付人民检察院的起诉书副本、人民法院的判决书、执行通知书、结案登记表。以上四种法律文书缺一不可，否则不予收监。罪犯收监后，执行机关应当自收监之日起 5 日内通知罪犯家属，告知罪犯姓名、刑期及执行地点。

其三，管制、有期徒刑缓刑、拘役缓刑的执行。按刑事诉讼法和最高人民法院的解释，对判处管制，宣告缓刑的判决生效后，人民法院应当将法律文书和罪犯交当地社区矫正机构负责执行。被判处管制的罪犯，在劳动中实行同工同酬。管制的刑期从判决之日起计算。执行前关押的一日抵刑期两日。

其四，减刑与假释。按《刑法》第七十八条规定，被判处管制、拘役、有期徒刑、无期徒刑的罪犯，确有悔改表现或有立功表现的，可以减刑。《最高人民法院关于办理减刑、假释案件具体应用法律若干问题的规定》规定：第一，被判处 5 年以上有期徒刑的罪犯，一般在执行 1 年 6 个月以上方可减刑。第二，判处无期徒刑的罪犯，有悔改表现或有立功表现的，可以减为 20 年以上22 年以下有期徒刑，有重大立功的可减为 15 年以上 20 年以下有期徒刑。但经过几次减刑后，其实际执行不能少于 13 年。第三，死缓刑改为无期徒刑后，确有悔改表现或立功表现的，服刑 2 年后可减为 25 年有期徒刑。经过几次减刑后，其实际执行不能少于 15 年。第四，判处拘役或 3 年以下有期徒刑并宣告缓刑的罪犯，一般不适用减刑。罪犯减刑由罪犯服刑地中级人民法院根据执行机关的减刑建议书予以裁定。假释是指被处有期徒刑的罪犯，原判刑期执行1/2 以上，被判处无期徒刑的罪犯执行 10 年以上，确有悔改表现，不致再危害社会的，可以附条件地将其提前释放，总之，减刑与假释都直接与时间、空间有关。①

总之，法律执行的重要依据之一是时间，同时法律执行也需要一种与时俱进的法律的自觉性，"通过道德教育来督促人们承担责任和义务，遵守法律的自觉

---

① 参照《公安机关办理刑事案件程序规定（2020 年修订）》第九章第二节相关规定：第三百零五条规定，对依法留看守所执行刑罚的罪犯，符合减刑条件的，由看守所制作减刑建议书，经设区的市一级以上公安机关审查同意后，报请所在地中级以上人民法院审核裁定。第三百零六条规定，对依法留看守所执行刑罚的罪犯，符合假释条件的，由看守所制作假释建议书，经设区的市一级以上公安机关审查同意后，报请所在地中级以上人民法院审核裁定。第三百零七条对依法留所执行刑罚的罪犯，有下列情形之一的，可以暂予监外执行……第三百零八条规定，公安机关决定对罪犯暂予监外执行的，应当将暂予监外执行决定书交被暂予监外执行的罪犯和负责监外执行的社区矫正机构，同时抄送同级人民检察院。第三百零九条规定，批准暂予监外执行的公安机关接到人民检察院认为暂予监外执行不当的意见后，应当立即对暂予监外执行的决定进行重新核查。第三百一十条规定，对暂予监外执行的罪犯，有下列情形之一的，批准暂予监外执行的公安机关应当作出收监执行决定……不符合暂予监外执行条件的罪犯通过贿赂等非法手段被暂予监外执行的，或者罪犯在暂予监外执行期间脱逃的，罪犯被收监执行后，所在看守所应当提出不计入执行刑期的建议，经设区的市一级以上公安机关审查同意后，报请所在地中级以上人民法院审核裁定。

性，是任何一个国家维持其安定、和谐和健康的社会环境必不可少的条件之一，而这一安定、和谐和健康的社会环境对国家富强、社会进步、人民幸福都是不可或缺的"。①

---

① ［英］丹宁勋爵:《法律的正当程序》，法律出版社 2015 年版，第 19 页。

第三章　时间与法律价值

"现代法理学的发展表明，任何一个理论家都无法对社会事实进行理论上的描述与分析，除非他同时进行价值判断并理解为什么对于人们而言是真正的善。"①霍尔认为法律是"形式、价值和事实的一种特殊结合"②，对法律的研究无法脱离其形式要件、价值内涵和事实基础的研究。因此，研究法律中的时间的必要内容就是厘清时间与法律价值之间的关系。

第一节　时间对正义的实现

一、正义的内涵与特征

(一)正义的内涵

联合国提出的 17 个致力于改变世界的可持续发展目标中，就单独提出了"和平和正义"目标，该目标致力于"创建和平、包容的社会以促进可持续发展，让所有人都能诉诸司法，在各级建立有效、负责和包容的机构"③。我国在全面推进依法治国的大背景下，大力倡导"努力让人民群众在每一个司法案件中感受到

---

① 　[英]瓦克斯《法哲学：价值与事实》，谭宇生译，译林出版社 2008 年版，第 2 页。

② 　Hall J，"Living Law of Democratic Society" *Michigan Law Review*，1950，Vol. 48，No. 6，p. 893.

③ 　参见 http://www.un.org/sustainabledevelopment/zh/peace-justice/#。

公平正义"①。由此可见，"正义"仍然是世界政治哲学的核心命题，进而当然地成为社会科学研究的重地。正义思想在西方有着深厚的渊源，"柏拉图与亚里士多德均是从'正义'这一基本价值入手，探讨法律的本质、特征以及功能的问题，由此形成了将法学研究与伦理学研究结合在一起的研究传统"②。正义的重要性不言而喻，但是接近正义的方式无外乎两种：一种是不断地去描绘正义的"乌托邦"，即以霍布斯、卢梭和康德为代表的"先验制度主义"正义；另一种就是"着眼于现实"的正义，即"致力于对现实的或可能出现的社会进行比较，而并非局限于先验地去寻找绝对公正的社会"③。其以亚当·斯密、孔多赛、边沁、沃斯通克拉夫特、马克思和约翰·穆勒等为代表。④ 而现代社会实现正义价值的最主要手段就是法律，同时衡量正义的最重要的因素之一是时间，因此，深入研究时间对法律的作用和价值其本质就是追求正义，达致及时正义的途径。

(二) 正义的特征

1. 正义的主体是确定的，但正义的内容却是相对的

通常所说的正义的主体是人或者与人相关的现象或行为。可以说正义问题是人类个体和社会群体独有的。对于其他生物或生命体，我们一般不会用正义去评判。"严格地说，惟有人之行为才能被称为是正义的或不正义的。如果我们把正义与不正义这两个术语适用于一种事态，那么也只有当我们认为某人应当对促成这一事态或允许这一事态发生负有责任的时候，这些术语才会具有意义。一个纯粹的事实，或者一种任何人都无力改变的事态，有可能是好的或坏的，但却不是正义的或不正义的。把'正义'一术语适用于人之行动或支配人之行动的规则以

---

① 中共中央总书记习近平在重要会议上反复强调这句话，同时时任最高人民检察院检察长的曹建明在全国检察长会议上也援引过，是作为检察机关办理案件的目标来提出的。

② 胡玉鸿：《西方三大法学流派方法论检讨》，载《比较法研究》2005 年第 2 期。

③ [印]阿马蒂亚·森：《正义的理念》，王磊、李航译，中国人民大学出版社 2012 年版，第 6 页。

④ 参见[印]阿马蒂亚·森：《正义的理念》，王磊、李航译，中国人民大学出版社 2012 年版，第 6 页。

外的情势，乃是一种范畴性的错误。"①正义的历史就是人类的发展史，正义和人本身是紧密的联合体。

　　古往今来，先贤们对正义思想探索的脚步从未停止。虽然由于时空的差异，正义思想的具体内容各有不同，但正义一直被视为一种理想价值。"正义是社会制度的首要德性，正像真理是思想体系的首要德性一样"②，因此，要弄清正义，首先要对价值有一个清醒的认识。"哲学界对'价值'主要有'属性说'、'关系说'和'兴趣说'三种解说。'属性说'认为价值是有价值者自身的存在和属性。'关系说'认为价值是任何客体的存在、属性等对于主体的意义。'兴趣说'认为价值依存于主体的兴趣。"③政治哲学成为"正义情况"的内容。"所谓'正义情况'，并非指已经达成了正义的状况，而是当'正义'是多数人组成社会必须具备的要素，为使其必要而应具备的前提状态。"④休谟是最早将"正义情况"这一问题提出来的思想家，而法哲学家哈特和政治哲学家约翰·罗尔斯在《正义论》中则做了更进一步的推进工作。正义是正义情况的核心，按其内容分为客观条件及主观条件。"客观条件：众人群居生活、人们的身体及知识能力大致均等（霍布斯亦曾论述这一条件）、人类生存所需的资本有限且稀少。主观条件包括：纵使人们的关心或所需的对象相互重叠，仍有各自独立的生存机会，对于何者是好的生活方式想法各有不同，以及人类的知识、理解及判断能力并不完全。"⑤正义与法律之间的紧密联系也一直是学界关注的重要问题，博登海默认为法律是秩序和正义的综合体。

　　而国内法学界，许多学者对价值也有着深刻的认识，从价值的范畴、定义到

---

　　① ［英］弗里德里希·冯·哈耶克：《法律、立法与自由》（第二、三卷），邓正来等译，中国大百科全书出版社 2000 年版，第 50 页。

　　② ［美］约翰·罗尔斯：《正义论》，何怀宏、何包钢、廖申白译，中国社会科学出版社 2009 年版，第 3 页。

　　③ 李慧兰：《关于正义与法律正义的思考》，载《湘潭大学学报（哲学社会科学版）》2005 年第 6 期。

　　④ ［日］长谷部恭男：《法律是什么？法哲学的思辨旅程》，郭怡青译，中国政法大学出版社 2015 年版，第 89 页。

　　⑤ ［日］长谷部恭男：《法律是什么？法哲学的思辨旅程》，郭怡青译，中国政法大学出版社 2015 年版，第 89 页。

内涵。沈宗灵先生的观点是"法的价值是法本身就有的一种价值"，认为正义和利益是价值的两大类。① 孙国华先生认为"法的价值是法所固有的、满足主体法律需要的价值"，并将法的价值分为了四类：自由、秩序、正义、效益。② 葛洪义教授则将价值视为人的欲望，而法的价值必然是包含着人的欲望的纯感性的要求。张恒山先生强调价值是由主体驱动的具有相洽互适性的欲求，关注事物的性状、属性。③ 周旺生教授则更多地从伦理层面去解读正义，认为正义是如法律和道德一样的社会生活的标准和规范，"正义不取文本形式，不是明文记载的制度，而是以观念化的形式存在于人的头脑、心灵、社会舆论和历史文化的积淀之中"。④

学者们对"价值"给出了不同回答，那么究竟何为价值呢？实质上，正义的内容是具有相对性的。绝对正义是不可能实现的和非理性的，它只存在于人类的幻想之中。比如关于生命价值的问题。一些人认为生命具有最高的价值，任何事情都不能以牺牲生命为代价。而另一些人认为国家利益高于一切，当个人生命与国家利益发生冲突的时候，牺牲个人生命去维护国家利益是正义的。而两种不同的价值观与个人的生活环境、接受的教育理念等都有紧密的联系，我们无法说哪种更优，故而我们认为正义是相对的。凯尔森对相对正义有着深入的论述，"在相对主义的正义哲学中包含着一项特殊的道德原则——宽容原则。所谓宽容原则即是同情地了解别人的宗教或政治信仰——尽管不接受他们，但也不阻止他们自由发表"。⑤ 因此，可以说正义本身就是一个相对的概念，受生活的时空和个人境遇等主客观因素的影响。

2. 正义的性质是伦理的

正义是人类社会追求的永恒价值。从道德角度讲，正义是一种最理想的道德标准；而从法学的角度看，正义应该是法律最核心的价值。"随着社会的进步，

① 沈宗灵：《法理学》，高等教育出版社 1994 年版，第 43 页。

② 孙国华：《法理学》，法律出版社 1995 年版，第 59 页。

③ 参见张恒山：《法理要论》，北京大学出版社 2002 年版。

④ 周旺生：《论作为高层次伦理规范的正义》，载《法学论坛》2003 年第 4 期。

⑤ ［奥］凯尔逊：《什么是正义》，耿淡如摘译，载《现代外国哲学社会科学文摘》1961 年第 8 期。

法律应当不断地发展，一步步地接近公正这一人类社会的永恒目标"，正如英国丹宁勋爵所主张的"公正的原则应该是高于法律条文和过去的判例的"。① 正义是法治文明秩序中最常见的范畴之一，它与民主、自由、权利、义务、理性、财产、个人等共同构筑成了法治文明的核心内容。② 而这些与传统中国的道德文明秩序讲究天、道、阴、阳、仁、义、理、智、信是完全不同的，法治文明秩序强调社会秩序的规则化、程序化和制度化，而道德文明秩序是一种压抑权利的克制的生活态度，是无法具体化为规则的形而上的内容。

　　然而正义的定义随着时代的变迁有着不同的内涵。"正义是一个具有高度抽象性的概念，并没有纯粹的客观指称对象。正义观念往往受到特定社会的经济、政治、宗教或文化传统等多种因素的影响，形成了不同的理解甚至完全对立、无法通约。"③而当代中国和世界大部分国家都处于稳定和平的发展状态，国家权力与公民权利之间博弈的局面越来越显著和严重，所以在保障公民权利的同时，如何去规制和限制权力才是法治的核心要义。因为"所有的权力都是可以被滥用或误用的"④，而权力的滥用或误用才是产生非正义的导火索。而规制权力的最科学和有效方式之一就是规范司法程序，马克思主义认为，正义无论是被当作一种构成社会制度的目标模式还是被当作道德评判的核心标准，正义都必须是历史性的和具体的，同时受一定经济基础所影响，并最终取决于时空域下的物质生活条件。因此，基于不同传统文化、风俗习惯、宗教信仰等的差异而存在不同的正义观是正常的。对于各种正义观，我们需要"同情地理解"并努力致力于构建有区别的正义。

　　3. 正义的观念是多元的

　　按照论证逻辑来划分，正义有着不同的注解。罗尔斯在其《政治自由主义》一书中写道，"（在政治哲学中）古代人的中心题是善的学说，而现代人的中心问

---

　　① ［英］丹宁勋爵：《法律的正当程序》，李克强、杨百揆、刘庸安译，法律出版社2015年第3版，第9~10页。

　　② 於兴中：《法治东西》，法律出版社2015年版，第63页。

　　③ 朱祥海：《利维坦法哲学》，沈阳出版社2013年版，第72页。

　　④ 转引自［英］丹宁勋爵：《法律的正当程序》，法律出版社2015年版，第11页。

题是正义观念"。① 但正义的主观性决定了其的变幻莫测，随着人们认识时空条件的转换，产生了不同的正义观。正义是古往今来人类共同的话题。从古希腊的苏格拉底至现代的罗尔斯，对于正义理论的追问一直没有停止。置身于现代社会的价值多元性大背景下，关于正义的解说更是众说纷纭。那到底有没有一种跨时空的普遍正义？而衡量这种正义的原则又是什么？首先，功利主义者的正义逻辑认为正义是幸福的最大化。其中杰里米·边沁是这种理论的代表，他秉持的是一种实证主义的正义观，认为痛苦和快乐是人类的主人，因此这种描述也被解释为"结果主义"思维。约翰·斯图亚特·密尔则对这一理论做了更进一步的深化，他将快乐做了分级，即快乐可以分为高级的快乐和低级的快乐，"意味着快乐是善的一个必要条件，但除了快乐与否外，善还取决于经验的品质"。②

其次，正义既是法律的核心价值，也是法理研究的主体。法理学是对权利、平等、自由和正义等法律核心价值进行审视的社会科学，其关注实然与应然、现实与价值的关系问题。因此，法律与正义的关系可以说是现象与本质，形式与内容的关系，正如"正义理念则既是国内法体系所宣扬的一种美德，也由于其对普世性的主张而追求超越法律本身。"③"人的正义追求的最高目的正是人自己，即人的自身本质的发展与完善。人只能在人的基础上把正义追求的目标与目的统一起来，正义追求的真正价值就在于使人摆脱狭隘的局限与幻想的虚妄，使人能够作为人去思想，去行动，去创造自己的现实性，去追求与实现人在此岸世界的价值。"④

最后，法律正义是社会正义的一种形式，"它是法律的道德，要解决的是法律的公正性和合理性的问题。法律正义是一定社会主体期望法律达到的一种理想状态和应有的意义，是社会主体追求的一种价值目标。因此，必须将它放置在价

---

① ［美］罗尔斯：《政治自由主义》，译林出版社 2000 年版，第 26 页。

② ［英］雷蒙德·瓦克斯《法哲学：价值与事实》，谭宇生译，译林出版社 2013 年版，第 62 页。

③ ［英］雷蒙德·瓦克斯《法哲学：价值与事实》，谭宇生译，译林出版社 2013 年版，第 52 页。

④ 胡海波：《正义追求的人性价值》，载《东北师大学报》1997 年第 2 期。

值的视角上才能使其得到正确的说明"。①

二、时间正义

正义是一个历久弥新的话题，而时间包含着时间的正义和正义的时间两层含义，即正义需要时间，时间体现正义。中西方都有对时间的美好赞美，人们常说时间是最公平的，显然这里的公平，指的是每个人都平等地拥有着一天 24 小时的时间。时间和空间是一切事物存在的基础，正义当然概莫能外。但是除去时空的存在性意义外，时间有何独立的正义价值呢？正义的实现需要时间吗？到底什么是时间？时间作为一种独立正义类型的可能性和必要性在哪里？法哲学是一种研究法律价值的学说，而正义是法律的核心价值，因此，也可以说法哲学也是一种研究正义的学问。那时间的法哲学研究对于当下中国有何意义？对这些问题的解说既是一个时间概念的证成过程，同时也是建构中国特色社会主义正义观的道路上要回答的问题之一。

(一)时间正义与空间正义

时空是一个紧密关联的场域，说到时间正义必然会想到空间正义。而目前为止，关于时空正义的研究主要是在伦理学领域。当然，时间与空间的差异性，决定了时间正义与空间正义之间也具有独立的特征。因此，理解时间正义与空间正义异同的实质就是理解时间与空间在正义价值实现上的方式和作用的不同的过程。相较于空间正义强调空间对于正义实现的作用，时间正义强调时间对于正义实现的作用。而两者在本质属性和核心内容上却具有一致性。

首先，在我国时间正义与空间正义的本质是一致的。我国的国家性质是社会主义，而社会主义的本质就是实现共同富裕。因此，无论时间正义或空间正义，其本质都是为了达到人类共同富裕的理想。比如从时间的维度上看，每个国家的发展史都是不断追求进步的历史，进步当然包含对经济、社会和文化权利的全面诉求，而从空间的维度看，国家之间从未停止过经济发展水平的竞争，经济实力

---

① 吕世伦、公丕祥主编：《现代理论法学原理》，西安交通大学出版社 2016 年版，第 49 页。

往往代表着一个国家的综合国力和国际话语权。邓小平同志曾这样论述过社会主义的本质，"社会主义最大的优越性就是共同富裕，这是体现社会主义本质的一个东西"。① 而"共同富裕"中的"共同"强调的是一种主体在时空上的平等，而"富裕"则是对时间和空间的价值最大化利用，进而通过提高时空生产力，最终达到富裕的目标。共同富裕是时间效率和空间效率相统一的原则。因此，可以说时间正义和空间正义在本质上是一致的。

其次，时间正义与空间正义的核心内容都是人的全面发展，"以提高人类生活质量和与之相伴的社会不断进步为目的，把满足当代人与各代际人的均衡、持久的需求作为空间生产实践的中心任务，强调人的全面发展和人的素质提高，反对以物与物之间的关系遮蔽人的做法，强调以人为中心"。② 也就是说，时间正义和空间正义关注的是时空场域下的人的自由、平等和发展等价值内容，同时关注如何实现这些价值以及保障这些价值实现的时空场域的可持续发展问题。应该说时空正义的实质就是对人类本身的终极关怀。

最后，时间正义和空间正义契合于主体的紧密相关性和内容的统一性。因此，将两者进行比较研究具有突出时间与空间对于正义实现的功能和价值，同时有利于正义理论的丰富和发展。

(二)时间正义与社会正义

社会正义可以成为社会基本结构的正义，它是首要的正义。张文显教授对社会基本结构正义的首要性的缘由提出了三点："(1)社会基本结构对个人的生活前途起渗透的、自始至终的影响。(2)社会基本结构构成了个人和团体的行为发生的环境条件。(3)关于人的行为公正与否的判断，往往是根据社会基本结构的正义标准作出的。"③由此推之，社会正义与人的密切相关性和突出的时间性，是社会正义首要性的重要体现。而时间正义的社会正义属性来源于对法治发展动因的认知。法治发展的动因有内部动因和外部动因，而这里强调的是外部动因，季

---

① 《邓小平文选(第三卷)》，人民出版社 1993 年版，第 364 页。
② 王志刚：《社会主义空间正义论》，人民出版社 2015 年版，第 163 页。
③ 参见张文显：《法哲学范畴研究》，中国政法大学出版社 2001 年版，第 203 页。

卫东教授将其分为了三类："第一，政治权力的目的性和功利主义的利害权衡；第二，在特定情境中生成的'善'或者固有的、本土的伦理生活或地方性知识；第三，具有普遍性的社会正义观或者人权理论。"季卫东教授对当前国内学者就这种分类的不同立场和观点做了简要的类型分析，比如苏力的本土资源论，梁治平的法史解释论，谢晖的民间法研究、法制官员的社会主义法治国家论，张文显、郑成良的权利本位论，并形象地将这种多元的格局形象化为多元化的景观。此外，社会正义的视角主要是基于罗尔斯关于分配公平和政治自由的正义论。社会正义的实质是人权的保护，而时间正义强调对人的自由时间的保障和劳动时间的限制两个方面。国外对时间正义的研究偏重于时间对社会正义实现的面相问题。比较成熟的研究是基于特殊群体间在个人"自由时间"拥有量之间的巨大差异的研究，而探究平衡差异，实现时间正义是这一研究的主要动机。按主体对象划分，时间正义主要分为代际正义和代内正义两个方面。

总之，社会正义包含分配社会各种资源、利益和负担的正义和关于解决社会争端和冲突的正义，也可以简要概括为社会正义包括实体正义和形式正义两个方面的内容，而时间正义无疑是促成其实体正义的载体和形式正义的要素。比如我们通常所说的法官的判决是否公正，而这个公正的标准必然是现行的法律制度和现行的正义观。"对于当代法制社会而言，法律规定涉及社会生活的各个方面，抓住了法律正义就是抓住了当代社会正义的关键。也可以说，法律正义包括着政治制度正义、经济制度正义。"①

(三)时间正义与程序正义

时间正义与程序正义的共性在于对程序价值的尊重，因为任何一条正义原则都必然要通过某个程序来实现。程序问题包括部分时间问题，比如程序时间规定既是程序问题，又是时间问题。而时间问题里面当然也包含了部分程序的问题，通常所说的时序其本质就是时间秩序问题。当然相较于时间正义，程序正义的认知度更高。程序正义的核心在于其程序正当性，即具有最低限度的自然正义的基

---

① 张恒山：《法理要论》，北京大学出版社 2002 年版，第 234 页。

本要求，"裁决者的无偏见和当事人的知情"①。在我国全面依法治国，构建法治社会的时代背景下，这些基本要求正是规制公共权力，维护个人权利进而实现社会正义的有效手段。因此，可以从程序正义中的时间去理解时间正义。

"程序，从法律学的角度看，主要体现为按照一定的顺序、方式和手续来作出决定的相互关系。"②威廉·道格拉斯对程序的价值做过一个精辟的论述，"权利法案的大多数规定都是程序性条款，这一事实绝不是无意义的。正是程序决定了法治与恣意的人治之间的基本区别"。③ 程序正义强调正义可以通过程序来实现，即将价值问题通过程序问题来处理，这是一个理性化和科学化的过程。程序正义最早出现于1215年的英国《自由大宪章》第三十九条，而在随后的爱德华三世时代的法律文件中明确提到了"正当法律程序"，到了1354年的《伦敦威斯敏斯特自由令》第三章第二十八条明确规定了正当法律程序的法律地位。④"程序一方面可以限制行政官吏的裁量权、维持法的稳定性和自我完结性，另一方面却允许选择的自由，使法律系统具有更大的可塑性和适应能力。"⑤"如果我们要实现有节度的自由、有组织的民主、有保障的人权、有制约的权威、有进取的保守这样一种社会状态的话，那么，程序可以作为其制度化的最重要的基石。"⑥

程序正义，虽然在西方学界出现了数百年，但是至今却没有一个明确的定义。大多数学者对程序正义的定义是基于正义的定义，再加上程序性的限制条件。我国的正义理论基于古代的"仁义道德"观，因此其从一开始就忽略了程序性的价值。故而国内程序正义研究主要是基于对西方相关思想的译介和评述。当然不少学者都试图给程序正义做一个界说。其中徐亚文教授在《程序正义论》中考证了程序正义的两原则，"任何人都不应该成为自己案件的法官"和"当事人有陈述和被倾听的权利"⑦。"任何人都不应该成为自己案件的法官"这一原则的渊

---

① 徐亚文：《程序正义论》，山东人民出版社2004年版，第75页。
② 季卫东：《程序比较论》，载《比较法研究》1993年第1期。
③ 转引自季卫东：《程序比较论》，载《比较法研究》1993年第1期。
④ 参见徐亚文：《程序正义论》，山东人民出版社2004年版，第4~5页。
⑤ 季卫东：《程序比较论》，载《比较法研究》1993年第1期。
⑥ 季卫东：《程序比较论》，载《比较法研究》1993年第1期。
⑦ 参见徐亚文：《程序正义论》，山东人民出版社2004年版，第10~27页。

源来自古罗马，它已经成为大多数国家采纳的法律原则，例如，我国《刑事诉讼法》第二十八条规定：审判人员、检察人员、侦查人员是本案的当事人或者是当事人的近亲属的，应当自行回避，当事人及其法定代理人也有权要求他们回避。因为遵守了这个规定，在审判侦查、起诉和审判的组成人员方面实现了正义。原则通过规制权力和保障权利，被视为了"文明社会的普遍法则"，为思考程序正义提供了路径。而这些原则除了得到了国内外学者们的认同外，更直接得到了《世界人权宣言》(第十条)、《公民权利和政治权利国际公约》(第十四条)和《欧洲人权宪章》(第六条)等国际法规的承认。公正合理的法律程序是优化选择的有力工具，让法律运行的过程更加具有程序性、确定性和公正性。"是这样一种法律精神或者法律理念，即任何法律决定必须经过正当的程序，而这种程序的正当性体现为特定的主体根据法律规定和法律授权所作出的与程序有关的行为。"

(四)时间正义与法律正义

按客体指向划分，时间正义属于一种社会制度正义，而社会制度正义又分为三个方向：政治制度、经济制度和法律制度。本书的时间正义是法律制度方向的时间正义。正义的历史主要是反对法的延迟的历史，反对任意适用法律规范，反对法律本身的不正义的过程。而基于这种理解上的正义也被法学家们称为"法律正义"。[①] 周旺生教授就对法、正义和法律正义做过概念上的澄清，认为法律正义是融合了法和正义的第三种规范。其内涵是首先法律正义同样属于法律规范的范畴，只是其位阶更高，是将理想与现实结合的良法良规。[②]

法律正义作为一种独立的正义形式，从其属性推演，其已经成为一种法律规范，因而其适用范围受到法律的限制，只能调整与法律相关的国家生活和社会生活事项。由此推之，法律正义的核心是强调法律的道德性，而每个时代又有不同的道德准则，故而可以说，法律正义和时间正义之间既有交集也有边界。严格意义上的法律正义仅指法的形式正义和实质正义两种形式，而时间正义中的时间既有程序性时间规定又有实质性时间规定，故而可以说法律正义中又必然包含重要

---

① 参见张文显：《法哲学范畴研究》，中国政法大学出版社 2001 年版，第 203 页。
② 参见周旺生：《论作为第三种规范的法律正义》，载《政法论坛》2003 年第 4 期。

的时间因素性质的正义内容。例如：法律关系主体的年龄规定、部门法中的时效性规定等都离不开时间和时间维度下的正义追求。离开了时间的法律无法适用，当然更无法达至法律正义的目的。而时间正义也离不开法律，离开了法律的保障和实施，时间正义不过是空中楼阁。总之，时间正义与法律正义都是正义的具体形式，两者的核心是一致的，都是对真善美的追求，区别在于实现的方式不同，但这两种方式之间互为补充，共同促进正义目标的实现。

三、迟到的正义

(一)"迟到的正义"的解读

西方法谚"迟到的正义非正义"(justice delayed is justice denied)，从正义的迟到影响到正义的价值的角度，强调了迟到的正义对正义结果的负面影响。这句话的实质是强调正义是有时效的，时效是正义的构成性要素。目前对"迟到的正义"的研究多侧重于两个方面的研究，一方面是对"迟到"缘由的探究，比如刑讯逼供、限期结案、疑罪从轻、追求结案率、破案率等司法机制问题的研究较多，也相对成熟；另一方面，是对"正义"实现途径的研究，如以环境正义、代际正义和法律正义等为标志性的新型正义类型研究更是不可枚举。然而对"迟到"所延伸的法哲学本体论问题，涉及法律与时间的关联的研究可以说是很少见的。

首先，"迟到的正义"的形式有很多，但当前比较突出而且影响巨大的是冤假错案。冤假错案作为一种司法现象，在全世界范围内都存在。司法主体的主观性、司法中不可避免的自由裁量权等使司法过程本身就无法做到完全的客观化，没有一个国家的司法能够做到完全无冤假错案的发生。但是冤假错案的普遍性并不代表人们对其完全束手无策。实际上，通过科学立法、严格执法和公正司法是可以从源头上最大限度地避免冤假错案的发生的。因此，当前我们倡导全面依法治国，积极构建法治社会、法治国家和法治政府应该说是致力于营造一种积极的良法善治的法治环境。

其次，既然是"迟到的正义"，其必然也有正义的一面。就是说，若正义迟到了，但对于当事人的所有创伤还能完全弥补的话，就还是正义的。笔者认为，这主要是在没有涉及人身安全，仅涉及财产安全的情况下适用。因为人身安全是无价的，其一旦受到损害便无法弥补。当涉及财产安全时，迟到的正义在什么情况下才是正义？有人认为，迟到的正义也是正义。理由如下：第一，正义是永恒的。无论什么时候，正义就是正义，不会因为时间的延续而有所变化，不会因为时间的先后而有质的变化。第二，当事人诉讼的最大期望值就是正义。有时当事人历尽艰辛，得到了迟到的正义，但是这种正义是当事人不惜代价所追求的正义，尽管它迟到了，但最终还是得到了。第三，社会对法院的最大期望值也是正义。不管这种公正是经过一审之后就得到的公正，还是经过二审之后得到的公正，或者是经过再审而得到的公正，都会得到社会的承认，都会被认为是公正的实现。第四，法院审判案件的最大期望值也是公正。法院和法官的职责归根结底是通过对案件的审判来体现法律、法院和法官的公正。这种说法有一定的道理，只不过太绝对，因为在很多情况下，迟到的正义无法弥补错误，已经不是真正的正义了。

最后，迟到的正义也是正义，这种说法也受到众多批评。有人认为，把"迟到的正义"看作正义，是对冤假错案的鼓励，我认为这种观点有点偏激，虽然迟到的正义也是正义的说法过于绝对，但有时它是对纠正冤假错案的鼓励。跟那些发现了错误不但不改还捂着盖着的问题相比、跟可能存在冤情却不被审查的案子相比，纠错就是公正。主要应从客观上来看，看当事人在客观方面的损失是否得到全部补偿，当然也要结合当事人的主观方面，看补偿是否达到当事人的要求。正如2005年4月14日时任最高人民法院副院长的万鄂湘在记者会上说的："是否司法不公应该从最后纠正的结果看。这个案件从错的又纠成正确的，难道不是司法公正的体现吗？"如果我们把纠正冤假错案作为司法机关的一种成绩，作为建设公正的司法制度的组成部分，那么，由此带来了冤假错案的更多纠正，这种"迟到的公正越来越多"有什么不好呢？还有人说，沾沾自喜于"迟到的正义"是出于对司法程序的漠视，笔者认为这种说法不客观。强调迟到的公正也是公正，有时会促使在吸取教训的基础上设计和确立更有效的程序，来推动和保证司法人员不仅仅尽可能提高司法效率，而且一定要避免冤假错案。此外，强调迟到的公正也是公正，有时也有利于安抚蒙受冤屈的公民、确立和恢复人们对司法公正和法律权威的信心。虽然司法机关不应当让公正迟到，但至少就冤假错案而言，迟到的公正有时也是公正。在强调司法的即时公正的同时，也不能完全否认纠正冤假错案的迟到的公正。

总之，正如《迟到的正义》一书的封面上写着："每一次公正的判决，都可以为法治信仰增加一块基石；每一次错误的判决，都可能成为松动基石的撬杠。人们不仅追求正义，而且期盼及时到来的正义。"①贝卡利亚的《论犯罪与刑罚》中在论及刑罚和犯罪之间的关系时有一句名言，"惩罚犯罪的刑罚越是迅速和及时，就越是公正和有益"。这句话同样向人们宣示着，司法应该兼顾公平和效益，因为司法效率关系到公众对公平正义的感受。刑罚的及时与否和公众的正义感受成正相关。如果刑罚和犯罪之间的关联不够紧密，就会给公众留下相对差的正义感觉，而刑罚发挥的惩戒作用就相对较小，对受害人的伤害会比较长久。基于对法谚和案例的逡巡，可以看出正义是有时效的，同时也说明了正义和效益之间的紧密联系。

(二)"迟到的正义"中时间的重要性

时间对于"迟到的正义"的重要性与作用主要表现在：

首先，"迟到的正义"它包含"迟到"和"正义"两个必要的构成要素。而"迟到"就是其中的定性要素，"迟到的正义"虽然仍然是一种正义，但是其性质已经发生了变化，由于没有及时实现正义的目标，因此，常常也说"迟到的正义非正义"。或者可以说时间在"迟到的正义"中起到了决定性的作用，其到达的及时与否，是判断正义价值是否实现的标准。

其次，正如绪论中冤假错案统计表所示的那样，"迟到的正义"往往会迟到几年，甚至数十年的时间，这么长的时间无论是对于个人还是整个社会而言，都意味着其价值已经无法估量。时间本身就是最珍贵的存在形式，但法律中却往往忽略了时间的独立价值。

最后，"迟到的正义"的本质就是强调正义应当及时有效，而正义及时的前提就是正义的到来应该将"迟到的正义"作为一种法律现象遵循着时间的规律。时间对正义价值而言具有首要的意义和价值。众所周知，一切事物都离不开时

---

① 何家弘主编：《迟到的正义：影响中国司法的十大冤案》，中国法制出版社 2014 年版，封面。

空，法律概莫能外。但是时间在"迟到的正义"中到底扮演着怎样的角色？强调迟到的正义具有的积极作用和价值，通过设定有效的时间程序来推动和保证司法人员尽可能地提高司法效率，尽可能地减少冤假错案的发生。此外，强调迟到的公正也是公正，有时也有利于安抚蒙受冤屈的公民、确立和恢复人们对司法公正和法律权威的信心。司法机关不应当让正义迟到，但至少就冤假错案而言，迟到的正义具有一定抚慰受害者及家属的意义。在强调司法的即时公正的同时，也不能完全否认纠正冤假错案迟到的公正。

总之，正义实现的前提性条件就是及时，否则迟到的正义就失去了它的核心价值，从本质上说正义一旦迟到就无法真正地达致正义，只能算是一种相对好的结果——"次优"[①]。本书也支持迟到的正义是"次优"的观念，相对于正义的缺席，迟到的正义终归还是一种相对好的结果。只有承认了迟到的正义的相对积极的一面，才能调动司法机关纠正冤假错案的能动性，也能安抚民众对司法不公深恶痛绝的心和对不正义审判失望的心，进而重塑司法权威，树立公民对构建法治社会、法治国家和法治政府的信心。

四、通过时间实现正义的原则

如前所述，正义是法律的核心价值，而时间是促使法律正义发挥作用的重要构成要素。如何通过时间去接近法律正义呢？回答这个问题如回答如何接近正义一样困难。但我们可以从接近法律正义的原则入手去不断接近答案。习近平同志在党的十九届一中全会上就反复强调全面落实以人民为中心的发展思想，不断提高保障和改善民生水平。为人民谋幸福，是中国共产党人的初心。我们要时刻不忘这个初心，永远把人民对美好生活的向往作为奋斗目标。党的十九大对保障和改善民生作出了全面部署。我们要始终以实现好、维护好、发展好最广大人民根本利益为最高标准，带领人民创造美好生活，让改革发展成果更多更公平惠及全体人民，使人民获得感、幸福感、安全感更加充实、更有保障、更可持续，朝着实现全体人民共同富裕不断迈进。习近平同志在第十二届全国人大一次会议闭幕

---

① Lipsey R G, Lancaster K. *The General Theory of Second Best*//*Readings in Welfare Economics*, Macmillan Education UK, 1956, pp. 11-32.

会上就以"中国梦"为主题发言："生活在我们伟大祖国和伟大时代的中国人民，共同享有人生出彩的机会，共同享有梦想成真的机会，共同享有同祖国和时代一起成长与进步的机会。有梦想，有机会，有奋斗，一切美好的东西都能够创造出来。"①这里反复强调的"机会"，既是一种自我发展和成就的"时机"，更包含了一种进步和美好的"可能性"。而这种"机会"与罗尔斯论及的"机会公平平等的自由主义原则"所追求的目标本质上是一致的，即"如果某些地位不按照一种对所有人都公平的基础开放，那些被排除在外的人们觉得自己受到了不公正待遇的感觉就是对的，即使他们能从那些被允许占据这些职位的人的较大努力中获利，他们的抱怨还是有道理，这不仅是因为他们得不到职位的某些外在奖赏例如财富和特权，而且是因为他们被禁止体验因热情机敏地履行某些社会义务而产生的自我实现感。他们因此被剥夺了一种重要形式的人类善"。② 而保证这种"时机"和"可能性"的重要前提是要有公平的法治环境，特别是获得法律规制、认可和保障的时间。而时间除了具有提供实现价值的机会外，时间的价值还体现在其对法律正义实现的促进作用。通过法律中的时间规定、限定和界定，促使法律价值的实现。

国内外针对自由时间的研究基本都体现在特定群体的自由时间的保证上，例如 Goodin 的 *Temporal Justice* 一文就是将两组拥有自由时间差距最大的群体——单亲工作的妈妈和未生育的工作女性之间所拥有的自由时间进行比较，进而阐释了政府和法律通过提供免费的社区幼儿看护等适当介入和辅助手段可以大大减少单亲妈妈的家庭照料时间，从而增加了其个人的发展时间。而这些举措对于整个社会而言是积极的，也体现了社会的公平正义。③ 而获得自由时间的公平性的基础是，通过法律和制度而达致的社会正义。因此，从法学的角度去阐释和理解时间

---

① 《人民日报人民时评：让更多人共享人生出彩的机会》，载人民网，http：//opinion. people. com. cn/n/2013/0318/c1003-20818652. html，2023 年 3 月 18 日访问。

② ［美］约翰·罗尔斯：《正义论》，何怀宏、何包钢、廖申白译，中国社会科学出版社 2009 年版，第 66 页。

③ Goodin R E，"Temporal Justice"，*Journal of Social Policy*，2010，Vol. 39，No. 1；Cooper J A G，Mckenna J，"Social Justice in Coastal Erosion Management：The Temporal and Spatial Dimensions"，*Geoforum*，2008，Vol. 39，No. 1；Petrovi，Vladimir，"Exploring Temporal Dimensions in Transitional Justice Processes-Berber Bevernage，History，Memory，and State-sponsored Violence"，*Time and Justice*，2013，Vol. 126，No. 2. 这三篇都是对时空域下正义理念的研究，主要探讨了自由时间和法律正义的关系问题。

显得十分有必要，契合于时代的需求，更是在法哲学的视域下对"中国梦"的时代解读。因此，通过时间实现正义所坚持的原则主要有以下几个：

(一)适时性原则

适时性原则是根据法律本身的社会属性去创制适应时代要求的法律。适时性原则本身就是强调时间的法律价值，是对时间正义的一种支撑理论。该原则基于法律根植于客观物质世界和主观精神世界的社会属性，强调法律应该与时俱进，反映历史的发展和时代的变迁并能随着这种变化去适时地调整自身的内容。瞿同祖先生对法的社会属性有过概括，"法律是社会产物，是社会制度之一，是社会规范之一。它与风俗习惯有密切的关系，它维护现存的制度和道德、伦理等价值观念，它反映某一时期、某一社会的社会结构，法律与社会的关系极为密切"①。任何社会的法律制度一定是其特定社会条件下的产物，体现了该时代的特征和需求。因此，对法律的了解，是从其所处的时代背景入手，进而才能深入了解法律背后所代表的社会制度与社会秩序，以及由其所决定的意识形态即正义观。

(二)现代性原则

现代性原则是由社会现代化的发展现状所驱动的现代化原则。现代性原则不同于适时性原则所强调的与时俱进的特征，其突出的是现代化特征，强调的是一种创新性和先进性。"现代性孕育着稳定，而现代化过程却滋生着动乱。贫穷与落后，动乱与暴力，这两者之间的表面关系乃是一种假象。产生政治秩序混乱的原因，不在于缺乏现代性，而在于为实现现代性所进行的努力。"②当然现代化本身就是体现一种不断发展成熟的过程，以区别于陈旧的、低效的发展模式。而时间本身就有现代性的内涵，因此，我们在强调时间正义的同时，其实质就是一种现代性原则的追求。具体而言，时间正义的现代性体现在法律制度中的时间正义、法律规范中的时间正义和法律组织机构中的时间正义三方面的内容。首先，法律制度的时间正义体现为法律制度中的时间要能够体现现代化的社会需求，能

---

① 瞿同祖：《中国法律与中国社会》，中华书局 1981 年版，第 1 页。
② ［美］亨廷顿：《变化社会中的政治秩序》，三联书店 1989 年版，第 38 页。

够调整现代化发展中的复杂社会关系，能够形成一个统一和协调的法制体系。其次，法律规范中的时间正义是指法律规范中的时间规定以凸显其先进性为目标，体现当代人类文化社会发展的最高水平。

(三) 内容性原则

《共产主义》一文中对马克思主义的本质作了重要概括："马克思主义的最本质的东西、马克思主义的活的灵魂；具体地分析具体的情况。"①具体地分析具体的情况是辩证方法论的基本原则，是辩证唯物主义的一条基本要求和重要原理。在践行"一切以条件、地点和时间为转移"这一马克思主义的理论灵魂，不断通过时间走向现实中的正义具有重大理论和实践意义。总之，时间的研究是契合于国际国内的社会科学研究趋势，兼具鲜明的时代特色。"迟来的正义是指在发生违背人们的正义理念的事件时，受害人不能在合理的时限得到正义的及时救治，或者说在人们的一般认识中，正义没有得到应有的及时的维护所引发的一种社会心理状态。从这个意义上说，迟来的正义缺失了正义的完整的内涵，是残损的，不具备正义的实际价值。之所以说迟来的正义不是正义，就是因为它缺少了对当事人合理期待的及时实现。"②"一切以条件、地点和时间为转移"，斯大林的这句话揭示出了事物处于发展过程的真理，即事物的新旧更替的过程是一个不可避免的客观事实，科学的任务就在于正确地反映这个过程。"科学之所以叫作科学，正是因为它不承认偶像，不怕推翻过时的旧事物，很仔细地倾听实践和经验的呼声"，"如果科学和实践、和经验断绝了关系，那它还算是什么科学呢?"③科学是无所畏惧的，它不怕抛弃过时的东西及其在理论、思想上的反映，而用新的东西来代替它。这句话的意思是事物处于发展和变化之中，因此，应该以发展的眼光看待问题，随着条件、地点和时间的改变而改变。

---

① 中共中央马克思恩格斯列宁斯大林著作编译局编：《列宁选集》(第 4 卷)，人民出版社 1972 年版，第 290 页。

② 陶建平、熊剑：《浅谈正义的时效的实际价值》，载《中国投资》2013 年第 S1 期。

③ 斯大林：《列宁主义问题》，外国文书籍出版局 1950 年版，第 594 页。

第二节　时间对效率的促进

一、时间与效率

效率包括两方面的内容，首先，效率是一种价值效益，强调"价值最大化"，即在投入的数量确定的情况下，力争最大的产出。比如我们通常所说的办事有效率的人，指的就是这个人在一定量的时间内，能够做的事情最多最好，即同时兼顾数量和质量的人。其次，效率被视为一种社会效益，特指通过社会资源的配置和利用的状态所获得的社会评价。效率与这种社会评价呈正相关，社会对这种配置和利益的评价越高，效率就越高。总之，效率是指这种价值效益和社会效益的统一。这样的效率也契合于经济学中的帕累托最优原则①，帕累托最优是公平与效率的"最佳组合"，简单地说就是"一个人的获益而不至少使另一个人因此而受损"，这就是帕累托最优。而法律中的正义也应该包含效率性要求。该理论以理查德·波斯纳为代表，其代表性论著为《法律的经济分析》，通过经济学方法来研究法律问题，进而奠定了法经济学的理论基础和分析架构。从"对于公平正义的追求，不能无视于其代价"这句波斯纳的名言中，我们可以看到其对法律效率的追求。

首先，时间当然具有效率的要求和内容，而这种要求和内容在法律中主要体现为：法条中的时间规定体现的正义和法律运行中的时间所表现出来的正义两方面的内容：（1）立法中的时效规定、期间规定，都是通过时间的法制化，进而凸显了法律的效率追求，最终彰显了时间的正义。（2）司法活动中的每个环节要严格符合法律所规定的时间程序性要求，进而降低办案成本、提高办案速度。就司法主体而言，要有高度的政治责任感，对人民负责，对国家负责，不断改进工作，提高办案效率，保证办案质量。司法活动要遵守一定的时效期

---

① Luc D T. Pareto Optimality//Pareto Optimality, Game Theory And Equilibria. Springer New York, 2008: 481-515; Kacem I, Hammadi S, Borne P. Pareto-optimality approach for flexible job-shop scheduling problems: hybridization of evolutionary algorithms and fuzzy logic. Mathematics & Computers in Simulation, 2002, 60(3-5): 245-276.

限，做到及时立案、及时结案。一般案件应在法定的时效期限内起诉、应诉、审理，如案情复杂，不能在法定期限内结案，则应按照法定程序延长办案时间，或延长、中断、中止时效。另外。司法效率必须以公正、合法为前提，如果脱离公正、合法的要求，不顾案情，片面强调效率，盲目、草率处理案件，也容易造成冤假错案。

其次，时间的正义包括立法中的规范性、司法中的终局性、执法中的及时性，这些都是时间效率价值的体现。而效率本身就是一种正义形式，与作为高位价值的正义相比较，效率是一种高位价值之下的低位价值，没有效率的正义实质上已经脱离了正义的价值。"迟到的正义非正义"，正义是有时间限度的，换句话说，正义是讲究效率的。虽然反应时间的快慢并不是决定效率的唯一因素，但是不能否认时间是一个可感知、可测量和可操控的衡量效率水平的重要因素，进而我们可以通过对这种相对客观的时间的把控来衡量司法的公正性，从而体现时间，最终实现法律的正义。

最后，效率是法律中的时间的首要价值。而效率的实现本身就是一种正义体现，而通过时间效率价值的实现，即体现了时间的效率要求。追求效率的途径有很多种，其中节约劳动时间成为了一个常用的手段。效率原则是市场经济的必然规律，同样是现代司法的核心追求。从经济学的角度来看，关于效率(经济效益)的思考是从经济的投入和产出的比例关系来考虑的，即以物质的最低消耗取得最大的收益，并不考虑时间的投入，即时间的消耗与行为结果的关系。根据"零和博弈"理论，节约劳动时间，相应地就会增加自由时间，而自由时间的增多，伴随的必然是自由的增多，这其实就是一个良性循环。"个人的自由必须用个人的责任予以平衡"[1]，随着社会生产力的快速发展，必要劳动时间相应减少，自由时间的多寡和优劣成为了社会发展的首要指标。[2] 法律作为一种成文的社会规范，正好契合了人们对于自由的追求和向往。法律为人们提供了利于提高效率，达致最大化自由的纠纷解决机制和日常的行为规范，而人们获得自由之后能够充分地自我发展，促进社会和谐，反过来又利于构建高效运行的法律

---

①　[英]丹宁勋爵：《法律的正当程序》，法律出版社 2015 年版，第 14 页。

②　汪天元：《时间理解论》，人民出版社 2008 年版，第 205~206 页。

环境。

总之，"发展是增进人类自由的过程，对发展的评价必须依据自由来考量"。[1] 在法律中追求任何的价值，我们都不能只注重结果，还应该考虑所付出的资源或成本。[2] 法经济学的代表人物波斯纳法官说过，"对公平正义的追求，不能无视代价"，对法律效率的追求，同样也不能无视时间。因为时间正是促使法律效率实现的一个必要工具，当然要达至高效的法律还需要完善的法制体系和公正的司法体系等的支撑，任何价值的实现都是一种合力作用的结果。

二、以时间的使用为要素配置法律资源

时间的使用为要素配置法律资源，强调的是法律资源的稀缺性，因此对法律资源的合理配置是提高效率的一种手段。而时间是一种重要的法律资源，办案时间的长短与法律资源的消耗成正比，投入越多的时间，代表着投入了越多的法律资源，包括司法人员的投入和其他司法资源正义与效率，哪个优先，哪个最重要？从公理上讲，司法制度的生命线和基础是正义，如果失去了正义，司法制度也就丧失了其存在的价值，因此，可以说正义是司法制度的最高价值。没有正义和不能及时实现正义的司法制度是没有效率的，而这样的司法制度也就失去了其法制意义。从这个意义上讲，效率是依附于正义性的，也正是在这个意义上可以说，正义性决定了法律的效率。

例如，2016 年 9 月 3 日，全国人大常委会表决通过决定，授权最高人民法院、最高人民检察院在 18 个城市开展刑事案件"认罪认罚从宽"制度试点工作。这正是为了提高正义效率的体现。该试点的"认罪从宽"和大家熟悉的"坦白从宽，抗拒从严"有着本质的区别。简言之，"坦白从宽"是基于一种实体量刑的考虑，而"认罪从宽"却是一次程序上的大改革。"认罪认罚从宽"是"在公正和效率相统一的更高层次上做出的系统性、制度性安排"，根据被告人认罪与否、案件的难易、刑罚的轻重等情况，在程序上繁简分流。为什么要对刑事案件进行"繁

---

① Dasgupta I, Development as Freedom, in *Development as Freedom*, Anchor Books, 2000, pp. 31-33.

② 熊炳元：《正义的成本：当法律遇上经济学》，东方出版社 2014 年版，第 22 页。

简分流"呢？这既是法律效率的要求，又是正义时效的体现。当前中国法治逐渐成熟，刑事证明标准也日益完善，故而必须面临"升级问题"，以提高正义的效率。近年来，随着新《刑事诉讼法》的施行，司法机关在打击犯罪时面临越来越多的程序性制约，特别是严格执行"禁止刑讯逼供""非法证据排除制度"以后，司法机关在收集证据、指控犯罪等程序上有了更多的限制和困难。在这样的司法现实面前，如若司法资源不能得到合理利用，还是继续传统的平均投入模式，是很难达致正义的效率的。因此，"认罪认罚从宽"试点可以说是对司法资源稀缺性和法律的正义效率追求的回应，即要针对不同的刑事案件和案情，先进行初步的分类，在程序上繁简分流，进而实现司法公正与效率的统一。

"认罪认罚从宽"具体而言，指按最高人民法院规定，在试点期间对于嫌疑人自愿如实供述罪行的，不再机械坚持"证据确实充分"的证明标准。这将大大提高司法资源的使用效率，从而利于司法资源的科学分配，将司法资源集中在一些疑难案件上。从效率的方面来讲，"认罪从宽"无疑是有很多优点的，但如果从公平正义的角度考量呢？该原则肯定会引起质疑。公民有罪的证明标准降低了，法官(乃至检察官、公安机关)的自由裁量权变大了，会不会变成"权钱交易"的腐败温床，或者被告人被强迫认罪呢？毋庸置疑，改革就是对未知的一种探索和实验，而这样的过程必然伴随一定风险，这也正是改革需要试点的原因，但我们并不能因为有风险就不改革，改革还能带来更加高效和成熟的法治秩序。因此，我们能够做的是通过小范围的试点，发现问题后，通过想办法去解决问题，从而完善要改革的事宜。我们可以预期，随着法律效率的强化，时间的正义将会从概念变为现实。

第三节 时间对秩序的维护

一、时间与秩序

"在法治社会中，社会秩序建立在法律之上，稳定而和谐。社会只存在纠纷，而鲜有叛乱或动乱。因为所有的社会关系都处在法律的调整之中。个人与个人之间的矛盾，个人利益和集体利益、国家利益的冲突都可以通过法律予以公正解决。"①美国著名社会法学家庞德说过"法需稳定，但勿僵直"②，这句话说明了如何在法律稳定性要求和随时势而改变的需求之间做选择和平衡。"不同时代，对于法的目标，看法也不尽相同。为了达成特定的法的目标，也可能存在不同的路径。"③

秩序是人类对社会生活的稳定、安全和文明状态的前提性要求，秩序是法律的重要价值之一，失去了秩序的社会会陷入混乱之中，也就失去了生存和发展的基本条件。"法律以其稳定性制约着未来；宗教则以其神圣观念向所有既存社会结构挑战。"④同时秩序也是正义的体现形式之一。在任何一个爱好和平的国家和社会都必须创设并维护一种秩序，通过保障在国家和社会中的个人权利与自由来实现社会正义的本职或者其出场与存在的理由。法律最重要的两个价值就是正义与秩序。"法律秩序和所以社会学系统一样，发挥着多种功能：它平息争执，产生公共规范，用某些系统的价值观教育人民，为职业阶层提供受雇的机会。"⑤因此，从属于正义的时间必然与秩序也有着紧密的联系。而正义价值主要是通过法律来体现和实现，正义与秩序之间的联系又转化为法律与秩序间的联系。"秩序构成了人类理想的要素和社会活动的基本目标。法律是秩序的象征，又是建立和维护秩序的手段。"⑥古今思想家们对法和正义的秩序价值多有论述。亚里士多德认为将法律视为一种秩序，而良好的秩序是普遍遵守的法律习惯。奥古斯丁认为世界上存在一种公认的价值，即追求和平与秩序，从而获得国家、社会和个人的长治久安，而法律就是维护和平与秩序的必要方式。马克斯·韦伯同样认为法律的实质是一种秩序，不过他更强调法律的强制力，通过这种强制力达致服从和平秩序或违法的报复性惩罚。规范法学派代表人物凯尔森则直接将法定义为人的行为的一种秩序，认为"每一种法律秩序，甚至包括权力机构拥有完全不受约束之

---

① 於兴中：《法治东西》，法律出版社 2014 年版，第 1 页。

② ［美］罗斯科·庞德：《法的新路径》，李立丰译，北京大学出版社 2016 年版，第 1 页。

③ ［美］罗斯科·庞德：《法的新路径》，李立丰译，北京大学出版社 2016 年版，第 5 页。

④ ［美］伯尔曼：《法律与宗教》，梁治平译，中国政法大学 2003 年版，第 12 页。

⑤ ［美］赛德曼：《法律秩序与社会改革》，中国政法大学出版社 1992 年版，第 9~10 页。

⑥ 张文显：《法哲学范畴研究》，中国政法大学出版社 2001 年版，第 195 页。

权力的那种法律秩序，都是法治的一个实例"①。博登海默认为运用法律来构建一种社会秩序的努力就是一种正义的实现过程，秩序"意指在自然进程和社会进程中都存在某种程度的一致性、连续性和确定性"②。马克思则将秩序视为一种社会固定形式，它受所处时空的物质和精神生产方式和生活方式的影响。

"秩序代表着群体内部的生活具有稳定的内在结构和相对固定化的行为模式及可信赖的生活常规，是文明得以发展、传承的前提和基础。秩序与正义作为法律基本价值中的重要组成部分，二者紧密相连，融洽一致。秩序是法律的一大法律诉求，正义的实现离不开秩序；正义是秩序的先导和准则。秩序的核心是安全，只有在秩序的基础上，社会和文明才能存续。"③而秩序的意义就在于其不仅满足了人类对安稳有序生活的期待，更重要的是能维系文明社会和国家的可持续发展。换句话说，秩序代表着一种预期，从而让社会生活更加规范化和理性化。而这种预期是可以通过法律中明确的时间限定和规制而达致。比如我们的工作日和休息日的区分和安排就是一种基本的生活秩序，而这样的秩序让人们有着明确的日常节奏，工作日正常上班，休息日就是自由时间。这种制度安排本身就是对人权的尊重，而对人权的尊重就是一种正义。"秩序的生成是经由时间的作用过程来达成，不确定的'时间之幕'是由内部自生自发的确立起来的或'源于内部的'，从许多方面来看，这些都具有累积性的时间储存属性，或者说秩序的思考要从已有的既定整体或个人行动者的整体开始，从能够产生出秩序的'时间性'开始。"④因此，我们说秩序本身也是一种时间的正义的表现形式。

首先，安定的社会秩序是保证人们正常生活的前提，也是最基本的价值追求，也当然是时间追求的内容之一。卢梭说："社会秩序乃是为其他一切权利提供了基础的一项神圣的权利。"⑤各国政府都将维护良好社会秩序作为国家的首要

---

① ［英］弗里德里希·冯·哈耶克：《法律、立法与自由》（第二、三卷），邓正来等译，中国大百科全书出版社 2000 年版，第 76 页。

② ［美］博登海默：《法理学：法律哲学与法律方法》，邓正来译，中国政法大学出版社 1999 年版，第 219 页。

③ 朱祥海：《利维坦法哲学》，沈阳出版社 2013 年版，第 63 页。

④ 周红阳：《时间、预期与法律——哈耶克法律思想研究》，科学出版社 2008 年版，第 150 页。

⑤ 卢梭：《社会契约论》，商务印书馆 1980 年版，第 8 页。

任务。因此，只有拥有了社会秩序，社会中的每一个人才有机会享受最大限度的自由，才有可以实现自我价值的机会。社会的动荡无序只会让普通的人民深受其苦，与无序相伴相随的是充溢着混乱、饥饿、贫穷、疾病等恐怖和灰暗的生活。例如媒体经常报道的伊拉克、叙利亚和刚果等饱受战乱的国家，这些国家正是失去了起码的秩序，使其国民生活在水深火热当中，很多人风餐露宿，甚至饿死街头。究其根本原因就是国家失去了运行所必要的秩序，没有了秩序的国家，当然更无从谈论和平稳定，更无法实现发展目标。时间中的时间是社会时间，而社会时间是社会现象的节奏和规律。因此，时间的正义是在社会现象的节奏和规律中体现出来的正义。博登海默对法律中的秩序做了较深刻的概括和总结，他说："要求人与人之间有序关系的倾向，主要可以追溯到两种欲望和冲动，它们似乎深深地根植于人类精神之中，第一，人类具有重复在过去被认为令人满意的经验或安排的先入为主倾向。第二，人类倾向于对一些情形做出逆反反应。在这种情形下，他们的关系是受瞬时兴致、任性和专横力量控制的，而不是受关于对等权利义务的合理稳定的信心控制的。法的秩序要素中还可能会有一种审美成分，该成分在对艺术匀称美和音乐节奏美的欣赏中得到了相应的表现……最后，对社会秩序的追求还具有一种精神（理智）的成分，该成分从根本上讲并不源于心理，而是根植于人的思想结构之中的。"①。总之，法的秩序价值主要体现在法的安全性上面。秩序始终是法的一项基本价值追求。法律总是通过建立和维护一种稳定的社会秩序而构建了安全的社会生活环境，进而消除由不安定而产生的焦虑和恐慌。因此，秩序是人类现实生活的必要条件，法律是除了道德、政治和宗教等手段以外的最重要和有效的秩序获得方式。

其次，秩序在法律适用过程中则表现为"程序"性的要求，是实现时间价值的要素。程序是"按时间先后或依次安排的工作步骤"②。从法学的角度来看，法律程序指的就是基于顺序、方式等媒介来确定的关系项，具体来说就是严格按照法律中规定的时序和时限来进行的法律行为。社会生活的过程就是一个竞争的过

---

① ［美］博登海默：《法理学：法律哲学与法律方法》，邓正来译，中国政法大学出版社1999年版，第226页。

② 《辞海（下）》，上海辞书出版社1979年版，第4104页。

程，如约翰·洛克所指出的那样，"真正重要的乃是竞争得以展开的方式，而不是竞争的结果"。时限指的是法律行为的时间区间，一般而言有长短之分，比如民法中的时效规定。而时序指的是法律行为的时间先后顺序，这里的时间更强调其次序，比如诉讼法中的诉讼程序规定就是典型的时序规定。当然法律程序除了时间规定外，还有空间方面的规定，比如司法中的审问、拘留都有具体的地点规定。正如有些学者所说的那样："任何行为都是在时间与空间（地点）的形式中表现出来，时限与时序对于程序事关重大，所以时空形式就是程序本身的特点。"因此可以说，"时间"是构成司法程序的维度之一。

最后，秩序的意义不仅在于促使个人的行动变得井然有序，而且对于促进社会文明的进步具有基础性的作用。通常而言，秩序性能保证合理的预期，而这种预期是法律的基础而非法律的产物，这是因为合理的预期乃是对实在法施行批评的基础并因此而成为法律存在的基础。人们将精力更多地集中于个人和社会的发展，而不是无序状态下的冲突和斗争中，实质上也就是获得了更多发展的时间和机会，这无论是对个人还是社会都是具有积极作用的。"人性就是这样的东西，它要求面对我们自己，面对与我们同在一起的人们，面对我们的统治者都有保障安全。安全使人的合作要求得到解放……合作的冲动反过来又增强安全。正常人的社会本能会驱使他同别人联合起来以达到永久的安全，但这种安全意味着对于不仅是别人的，同时也包括他自己的扩张性本能所造成的混乱和破坏的防止。"①正常人都有这种对安全追求的原始本能，而这种本能则需要在合作的本能和利己的本能之间寻求一种平衡。"在秩序与正义的关系中，秩序对正义具有优先性。秩序是法律的首要价值，只有在秩序稳固的基础上，谈论其他价值才具有现实的意义。"②因此，正当的行为秩序通过法律实施有助于防止冲突，并有助于人们通过消除无秩序所携带的混乱从而促进合作。秩序同时也是自然法学派的核心概念。自然法学派的秩序思想是基于一个假说：人类在还未开化的时代，过着分散而孤独的生活，人与人之间没有太多的联系，人群的生活与其他动物群体的生活

① [美]庞德：《通过法律的社会控制——法律的任务》，沈宗灵译，商务印书馆1984年版，第88~89页。

② 朱祥海：《利维坦法哲学》，沈阳出版社2013年版，第65页。

无异,处于一种无秩序的状态。随着身心的发展,人类理性才开始觉醒,人类进入了契约时代,国家的出现正是基于希望建立人类独有的良好秩序。17世纪英国政治哲学家曾经用利维坦来比喻这样一种社会秩序。① 利维坦的本质就是,"当一群人确实达成协议,并且每一个人都与每一个其他人订立信约,不论大多数人把代表全体的人格的权利授予任何个人或一群人组成的集体时,赞成或反对的人每一个人都将以同一方式对这人或这一集体为了在自己之间过和平生活并防御外人的目的所作为的一切行为和裁断授权,就像是自己的行为和裁断一样。"②

二、以时间的限制为特征设计法律程序

时间是不断向前迈进的,无声无息,是按照"数"而前进的,因此,时间就能为运行中的世界提供一种基础性的秩序。③ 秩序,是时间的表现形式,也是时间的法律功能。时间通过对事件的排序功能安排和调节事物的秩序。众所周知,秩序是法律追求的价值之一,而时间的秩序价值正是时间的体现。透过时间的秩序,进而达致法律世界的井然有序,从而实现了时间的正义价值。正义观念在实践中的一致性是政治共同体存在的前提,社会正义的现实意义就在于其是建立在政治共同体的基础上。④ 博登海默认为"秩序的维续在某种程度上是以存在着一个合理的健全的法律制度为条件的,而正义则需要秩序的帮助才能发挥它的一些基本作用。为人们所要求的这两个价值的综合体,可以用这句话加以概括,即法律旨在创设一种正义的社会秩序"。⑤

---

① 利维坦是圣经《约伯记》中的怪兽,霍布斯用它来比喻一个强大的国家,是人类为了摆脱恐惧、自相残系的"自然状态",自愿出让自己的一部分权力,而造就的庞大的权力机构。

② [英]霍布斯:《利维坦》,黎思复、黎廷弼译,商务印书馆2015年版,第133页。

③ 参见[德]克劳斯·黑尔德:《时间现象学的基本概念》,靳希平译,上海译文出版社2009年版,第33页。

④ 参见朱祥海:《利维坦法哲学》,沈阳出版社2013年版,第73页。

⑤ [美]博登海默:《法理学:法律哲学与法律方法》,邓正来译,中国政法大学出版社1999年版,第318页。

第四节 时间对自由的保障

一、时间与自由

自由是法的基本价值追求之一，但是法并不是自由的代表。中外历史上以法的名义压制自由、剥夺自由的实例并不少。当处在不正义法之下，人的自由是极为有限甚至根本没有自由。苏格拉底用生命去捍卫了法，而法却以不敬神和"败坏青年"的罪名夺走了其生命和自由。中世纪的西方，哥白尼、伽利略、布鲁诺等人因为对自然科学的揭示而受到了宗教法的迫害。周厉王时期的法律认为即使只是路人的一个眼神交换都可能是有罪的，进而苛以残酷的刑罚。可见，自由天然地以正义为基础，失去正义价值的法律无法保障自由的实现，更无法达致自由发展的更高境界。而时间强调是基于时间维度下的自由价值的"机会"和"过程"的统一。阿玛蒂亚·森将这种自由涵括为，实现目标能力的机会和实现自由的重要条件的过程。比如生活中的各种选择机会和体现自由的选择权利。[1] 美国法学家庞德就肯定过对自由的认知，"自由之人不愿受制于他人的恣意胡为。改变势在必行，因为生命的特质就在于持续调整，从而适应不断变化的外部环境"。[2] 从这句话可以看出自由本身包含着随着时间的调整，任何形式的法律限制其实质是为了带来更多的自由，"自由范畴的扩张，对于行为限制的放宽，曾被任务引领着法律前进的方向"。[3]

首先，自由的概念如同正义的概念一样都属于价值概念范畴，是没有标准的定义。人类对自由的追求从自由概念诞生那天起就没有停止过脚步。英国学者伯林将自由分为两种，一种是"消极自由"（negative liberty），也可以表述为"免于做某事的自由"（be free to do）；另一种就是"积极自由"（positive liberty），也可以表

---

① Amarty Sen, *Rationality and Freedom*, Harvard University Press, 2002, p. 221.

② ［美］庞德：《法的新路径》，李立丰译，北京大学出版社 2016 年版，第 1 页。

③ ［美］庞德：《法的新路径》，李立丰译，北京大学出版社 2016 年版，第 13 页。

述为"从事某事的自由"（be free to do）。① 自由本身也是正义价值的内涵之一，一般意义上的自由，是指由宪法或根本法所保障的一种权利，又称自由权。具体而言，自由就是让人民免于遭受任何形式的奴役、监禁或控制，或是确保人民能获得解放。《人权宣言》中是这样描述自由的，"自由即有权做一切无害于他人的任何事情"。"自由包括对世界的认识和对人自身以及外部世界的支配即意志自由与行动自由，二者是不可分割的。"②从中可以看出，自由至少包括意识和行动两个层面。而我们通常所说的是后者——行动的自由。因为行动的自由往往受制于外部世界的限制或干扰，也更容易被人本身所感知和察觉。卢梭对自由有着深刻的认识，"人是生而自由的，但却无往不在枷锁之中。自以为是其他一切的主人，反而比其他一切更是奴隶"。③ 自由是一个相对的概念，自由无处不在，自由与限制共生共存，限制是自由的前提，没有限制的自由是不存在的。因此，有哲学家将人的自由作了形象的比喻，自由就是"戴着镣铐的舞蹈"。人类对自由的追求和向往如对正义的追求一样，从未停止过。欧洲革命中的斗士，匈牙利诗人裴多菲的箴言诗《自由与爱情》一直提醒着我们自由的价值"生命诚可贵，爱情价更高，若为自由故，两者皆可抛"。

其次，时间本身就包含着对自由的追求，因此我们可以说时间与自由具有价值统一性。时间突出时间对正义的实现作用，其实质也就是强调一种自由，即通过对时间的限制所获得的自由。在古希腊和古罗马时期，一个男子成为拥有独立人格权利的标志是其年龄，通过对权利主体年龄的规定来达到对自由权利的限制是时间的早期形式。另外现代《劳动法》中都有劳动时间的规定，通过法律来规制劳动时间，从而保证劳动者的休息时间，进而保证劳动者休息的权利，最终实现了对自由的保护。哈耶克认为的自由是"如果一个人不需要服从任何人，只服从法律，那么，他就是自由的"。④ 哈耶克将自由的实现与法律密切联系起来，突出了法律对自由实现的关键作用，其实质是强调法治对人类自由实现的意义。

---

① Berlin I, "*Four Essays on Liberty*", *Western Political Quarterly*, 1971, Vol. 24, No. 1, p. 171.

② 周文华：《论法的正义价值》，知识产权出版社 2008 年版，第 103 页。

③ ［法］卢梭：《社会契约论》，商务印书馆 1980 年版，第 8 页。

④ ［英］哈耶克：《通往奴役之路》，中国社会科学出版社 1997 年版，第 82 页。

人们的自由观往往与传统、习俗、政治、经济、法律和文化水平等社会因素紧密相关，这些社会因素不但对个人自由具有影响，而且也会限制或保证自由的实现。特别是政治和法律甚至成为了实现正义的方式。因此，自由是相对性的，自由也是有着边界的。世界上并不存在绝对的自由，一个人的自由往往是以其他人的不自由为代价的。比如希望拥有自由通行的权利，前提就是每个人都得遵循通行规则，否则任何人也无法享受到自由通行的权利。自由的权利和义务是统一的。任何时代、社会和国家的自由都是相对的，而且自由的内容是随着时间而变化的。自由是一个人所能适应的合乎理性的约束，历史上每一个社会都根据自己的状况给自由设定一个界限，用以规范人们的行为。仍然以通行权为例，随着汽车私有化程度的加深，上下班高峰时间的交通拥堵已经成为世界各大型城市的常态，而以牺牲部分车主的汽车出行权的限号措施的实质就是保障多数人的路权，是对通行自由的一种全新解读。可见自由不仅是相对的，自由更是具有时间性的。此时之限制或许只是为了彼时之自由。

最后，法律中的自由往往表现为一种法律正义。从表面上来看，法律总是通过限制人们的行为来限制人们的自由，但事实上，法律上对自由的限制只是为了更好地保障自由和实现自由。历史已经证明，迄今为止，对人类而言，法律是最为有效的定纷止争和实现自由的机制。英国思想家约翰·密尔在其《自由论》中将自由视为"社会所能合法施于个人的权利"，从而将自由的个体性和社会性统一了起来。因此，我们常常又将自由与权利同等对待。法律通过保障权利和限制权力，从而为自由提供了可靠的法律支撑，没有法律就没有自由。洛克认为自由是法的重要价值，"按其真正的意义而言，与其说是限制还不如说是指导一个自由且有智慧的人去追求他的正当利益"，准确的说法"不是废除或限制自由，而是保护和扩大自由"。[①] 自由的法律独立价值得到了进一步的确认。马克思却从相反的方向来认识自由，认为"自由就是从事一切对别人有害处的活动的权利，每个人所进行的对别人没有害处的活动的界限是由法律规定的，正像地界是由界标确定的一样"。[②] 故而可以说自由是有边界的一种权利。总之，法律通过将自

---

① 洛克：《政府论(下篇)》，商务印书馆 1983 年版，第 35 页。
② 《马克思恩格斯全集》(第 1 卷)，人民出版社 1956 年版，第 438 页。

由法律化，既可以保证个人自由的实现，也可以促进整个社会生活的整体自由度的提高。比如当社会上的个体能自由且安全地生活的比率越高，实质上整个社会生活的自由度也相应地提高。将法与自由的关系总结为四个方面的内容：第一，法律的规范性增加了选择的可预测性，进而提高了自由选择的效度；第二，法为自由意志的实现排除社会领域中人为的不适当的障碍；第三，通过法律将自由转化为法律权利；第四，自由的本质是指代"为善的自由"，因此自由与责任的结合是平等自由实现的保障机制。① 法应该给人以自由，但并非任何法都能保证自由的实现。只有符合正义原则，法才能给自由的实现提供有力的保障，而不正义的法只能给人们的正当权益和自由造成损害。自由观念的演进史实质上就是自由不断接近正义的历史。比如我们对婚姻自由的理解，随着时代的变迁，过去认为是正义的包办婚姻，早已成为历史。婚姻自由已经是宪法赋予每个公民的权利。"同等情况同等对待"是正义的一个基本要求。德沃金认为法应该是"平等地适用于每一个人，同样地约束每一个人，而不论每个人的动机如何。这是法律的核心。由于这一理由，一个人出于道德信念而故意实施善良违法行为，并由此被确认是一种刑事犯罪，他对此既不应该惊讶，也不应为之痛苦。他必须接受这一事实，即有组织的社会不可以建立在任何其他的基础上"②。

二、以时间的节约为目标构建法律制度

时间在法律中除了以追求效率和秩序的形式出现以外，时间还表现为一种预期。法律主要是面向未来的事件，"人们为了有意义地生活需要掌握的未来的信息数量现在就成了一个重要的进化变量：这是社会变化的突破性时刻对法律的要求"。③ 时间实际上可以在时间的法律规制中显现出来，又主要体现为一种对预期(或者叫期望)的维护，而时间的规范性又强化了对未来难以预料的变化的漠

---

① 参见张文显：《法哲学范畴研究》，中国政法大学出版社 2001 年版，第 210~211 页。
② 德沃金：《认真对待权利》，中国大百科全书出版社 1998 年版，第 271 页。
③ ［德］尼克拉斯·卢曼：《法社会学》，宾凯、赵春燕译，上海人民出版社 2013 年版，第 401 页。

视，并通过这种漠视最终实现了对未来的把握。① 时间在法律中体现为一种预期，也可以称为期望，"期望实际上是可意识到的生活的未来视域，是对未来的预料以及对实际上没有去想会发生的事情的一种从当下的延伸"。② 比如法律中对节假日的规定，除了具有区分工作与休息日以外，更重要的是让人们有一个习惯性的预期，从而利于更好地安排未来的生活。因此，法律实际上主要针对的是未来可能发生的事情，法律更具有未来时间的面向。

西方法经济学就特别注重法律的"未来效益"和"成本"，正如波斯纳法官的名言，"对于公平正义的追求，不能无视代价"。法律的规范性通过把难以预料的未来实践的模式化，进而实现了对未来的掌控。"法律上的关系不是仅仅关系到对那种充满可能性、复杂性和偶在性的未来的计划，也关系到对已经过去了的过去的实现。罪责与赎罪就不仅仅是从对未来的'避免'的观点来被经历的。"③不过，时间并不能够保证个人在向时间靠拢的过程获得预期的成功，因为个人的成功不仅要取决于时间等事实性因素，而且还要取决于个人所预期的其他相关人所采取的行动。例如，时间并不可能确保个人的投资必然得到预期的回报，因为投入本身与回报间有太多除去法律和正义因素以外的其他因素，比如供需状况，甚至政治局势等。

第五节　时间对权利的保护

当代时间对权利的保障主要体现在对自由时间的保障上。按马克思的观点，时间可以分为劳动时间和自由时间两大类，而自由时间又包括必要的生活时间和个人发展时间两种类型。随着社会经济的快速发展，衡量一个人的幸福的标准已经从拥有个人财富量转移到拥有的可支配时间数量上来。因为自由时间是保障个

① 参见[德]尼克拉斯·卢曼：《法社会学》，宾凯、赵春燕译，上海人民出版社 2013 年版，第 401 页。

② [德]尼克拉斯·卢曼：《法社会学》，宾凯、赵春燕译，上海人民出版社 2013 年版，第 401 页。

③ [德]尼克拉斯·卢曼：《法社会学》，宾凯、赵春燕译，上海人民出版社 2013 年版，第 403 页。

人发展的基础，没有了自由时间，人将没有了发展个人爱好和娱乐自身的基础。因此，可以说自由时间是保障一个人生活质量的根本条件。而且对自由时间的保障更多是从其相对的劳动时间的控制着手。现在世界各国都有保障劳动者权益的法律、法规。通过这些法律、法规，劳动者的劳动时间得到了控制，休息权得到了保障，这也是与可持续发展理念相契合的制度支撑之一。

一、时间与权利

权利问题是西方法学思想史中的一个重要问题，也是一个主要的法哲学问题。马克思在《哥达纲领批判》中曾经有一句名言："权利永远不能超出社会的经济结构以及由经济结构所制约的社会文化的发展。"①根据学者们对权利的理解，可以将权利作以下的界分：根据权利的属性不同，权利分为显见权利和绝对权利，积极权利和消极权利这两组权利；根据权利涉及领域的不同，权利分为法律权利、道德权利和约定权利；根据权利的位阶不同，权利分为基本权利和派生权利，等等。此外，在自然法和人类本性的基础上又分为自然权利或人类权利，权利在道德理论中又可划分为行善原则和正义原则。权利界分的多样性恰好可以展示出权利的多面性，因此，可以说广义上的权利是一个内涵丰富的综合体，对其的理解应该是多维的和多向度的。当然，权利也有狭义的范畴。

"救济问题不仅仅是一个法律问题，因为权利的实现在很大程度上是一个经济和文化的问题，或多或少也是一个政治问题。"②我们通常所说的权利都是指狭义上的法律中的权利。法律就是由"权利"和"义务"构成，"没有无义务的权利，也没有无权利的义务"。法律适用的过程就是保障权利和履行义务的法定过程。因此，我们也可以这样说，法律中权利的实现过程也就是法律价值实现的过程。而法律中的权利与权利法学家们的认识论和权利观密切相关。权利法学家们对权利的偏爱如同思想家对真理的偏爱，伦理学家对正义的偏爱一样，"权利本位论可以说是西方法律思想中的主流观点，很多学者倾向于把法学定义为权利学，或

---

① 《马克思恩格斯选集》(第3卷)，人民出版社1972年版，第12页。
② 程燎原、王人博：《权利及其救济》，山东人民出版社1993年版，第373页。

者说把法学解释为有关权利的学说"。① 权利在不同法系国家的体现形式却是不同的，我国属于大陆法系国家，大陆法系的权利体系是从权利的规定开始的，主体的权利资格都是法定的，一切权利都是在法律的框架里存在的，其几乎涵盖了人的生活的全部内容。而普通法系国家的权利则体现在由习俗、惯例、判例以及法律条文共同构成的开放的系统之中，而其中不成文法比成文法更重要，不成文法多是在自生秩序中自然生成的。因此，普通法并不直接去界定权利内容，"它所做的不过是界定人所活动的领域，规范和调适人的活动中属于人自己的自由空间，并解决由于超出这个范围而对他人的侵权所引起的纠纷"。②。

　　权利当然包含人权，但人权并不能代表所有的权利。人权顾名思义就是来自于人的自然属性和社会属性的权利，人权是基于对人本身的肯定和尊重。而权利的来源范围更广，权利除了有来自人本身的权利之外还有道德权利、习俗权利和组织性权利等。除此区别外，两者在主体、内容和存在形式方面都有明显的不同。1948 年 12 月 10 日，联合国大会通过《世界人权宣言》(*Universal Declaration of Human Rights*)，为世界各国在追求及保护人权方面确立了一份具有精神意义和传播意义的原则。该宣言一共分为 30 条，主要包括公民和政治权利和经济、社会及文化权利两个方面的内容。不过宣言是没有法律效力的，只是一种倡议形式，亦不能要求任何国家作任何承诺。这份人权宣言的贡献在于建立起一个世界人权的共同标准。为了能更好地落实《世界人权宣言》中的内容，联合国在宣言的基础上，又颁布了具有强制性的联合国人权公约，即《公民权利和政治权利国际公约》和《经济、社会及文化权利国际公约》。这两个公约的颁布才真正宣誓了人类向人权迈出了实质性的一步。除了前面提到的人权公约外，基于对特殊权利主体的保护，还有其他国际性的人权条约对于签署国或批准国的人权保障起到了规范作用：《消除一切形式种族歧视国际公约》《儿童权利公约》《消除对于妇女一切形式歧视公约》《残疾人权利公约》《禁止酷刑和其他残忍、不人道或有辱人格的待遇或处罚公约》《保护所有迁徙工人及其家庭成员权利国际公约》等。当然还

---

　　①　高全喜：《法律秩序与自由正义——哈耶克的法律与宪政思想》，北京大学出版社 2003 年版，第 149 页。

　　②　高全喜：《法律秩序与自由正义——哈耶克的法律与宪政思想》，北京大学出版社 2003 年版，第 151 页。

有不少国际性或国家性的人权宣言、原则和准则等。可见，对于人权保障的重要性已经获得了一种国际共识，现在的关键是怎么将这些条约或文书转化为真正具有法律效力的国内法或国际法，从而实现有法可依。

二、以时间的强制为手段树立法律权威

首先，世界人权宣言中关于时间的规定主要有两条。第十一条规定："一、凡受刑事控告者，在未经获得辩护上所需的一切保证的公开审判而依法证实有罪以前，有权被视为无罪。二、任何人的任何行为或不行为，在其发生时依国家法或国际法均不构成刑事罪者，不得被判为犯有刑事罪。刑罚不得重于犯罪时适用的法律规定。"该条宣言实质上是对两条法律原则的确认："罪刑法定"和"法无溯及力"。"罪刑法定"强调了任何人在没有经过法定程序公开审判并宣判其有罪前，该当事人是无罪的，其权利应该受到法律的保护。"罪刑法定"已经是各国公认的法律原则，但在具体实施过程中，还是有出现对人权不尊重、刑讯逼供等问题。因此，联合国在宣言中单列出来，希望能够在各国司法实践中得到切实的实现，这对于犯罪嫌疑人的人权保障而言确实是一种人性关怀。"法无溯及力"当然是通常意义而言的，特例除外。"法无溯及力"强调的是法律的规制应该在法律行为发生之前，也就是所谓的"事前"原则。这个是很好理解的，这也是日常生活所坚持的原则，"规制在先"，如果事后才去制定规制，该行为本身就是不公正的。宣言第二十四条规定："人人有享有休息和闲暇的权利，包括工作时间有合理限制和定期给薪休假的权利。"从中不难看出，休息权和闲暇权是得到世界各国公认的人权，而这两个具体人权的实现是通过时间来保障的。因此，可以说休息权和闲暇权是需要劳动时间的限制和自由时间的满足来达成的。通过劳动时间的限制来实现人权保障，正如我国《劳动法》中第四章"工作时间和休息休假"的相关规定。自由时间是除去必要劳动时间和生活时间以外的时间，自由时间的满足则更多的是在规制劳动时间的基础上，通过合理安排生活时间和休闲时间来完成。近年频繁出现的"过劳死"和"职业病"等问题，归根究底还是对于劳动者休息权、健康权、生命权等个人权利保障不足造成的。当然，这需要国家对《劳动法》作进一步的完善，但更主要的是劳动主体的权利意识的提高。休闲权利的实质就是自由时间权利的问题。国外对自由时间的研究还是比较多的，主要

是关注主体自由时间拥有量的差异问题，而且希望通过对拥有量差异的考查进而能够提出缩小差异的政府或社群等可以提供援助的切实举措。例如提供更多的公共服务，成立社区老人看护中心和幼儿托管中心等，从而减少个人投入对老人和小孩的照料和看护的时间，进而促进个人在拥有自由时间上的公平。

其次，自由时间权利的公平，是对自由时间权利的尊重，实际上也是对休息权和发展权的尊重。没有可自由支配的自由时间，休息和个人发展无从谈起。曾有学者对西方 6 个国家的两个特定主体的自由时间拥有率做过一个调查①，调查的主体是在自由时间拥有率上最有利和最不利的两个女性人群，即已婚未育夫妻都工作的女性和单身独自抚养孩子的女性，由于在家庭生活中投入时间的不同，最后导致了自由时间拥有的不公平。而这种投入照料孩子的时间，实质上也是对社会的一种付出，对社会整体的发展是有利的，理应获得政府的额外支持和帮助。现在很多国家都致力于对幼儿看护的公共投入，这应该是一种积极的信号。特别是在全球步入老年社会的严峻人口形势的当下，如果不转变对孩子抚养的观念，政府和社会不主动地承担在孩子抚育方面应担的职责，老年化的形势将会越来越严峻，这对于整个人类的发展而言也将是一个巨大的挑战。我国近年开放的二孩政策并没有立马引起生育高潮，究其根本原因就在于抚育成本的上升，很多家庭无法负担起养育更多孩子的经济、精神和时间上面的投入。

最后，特殊权利通常是因为主体在某一时期发生特殊状况或困难，因而使该主体得到特别关照或与普通人相异的利益。这些属于合理的特殊权利和利益，经过时间演变成了滥用权力之后所得的好处，从而致使拥有了这些特殊权利的主体坚决保护这些权利并长期持有，这种迫切的心境就如保护大众利益一样强烈。而这些长期持有的特殊权利和关照本是特殊时期才能拥有的权利，本身就是一种非正义的行为。因此，定期的检验是维护这种特殊权利，保障社会的公平正义的有效手段，这也是时间的应有之义。② 关于特殊权利，按主体的不同，有个人特殊权利和集体特殊权利之分。特殊权利的关键在于如何去界分这个"特殊"，因为

---

① Goodin R E, "Temporal Justice", *Journal of Social Policy*, 2010, Vol. 39, No. 1, p. 39.

② 参见[法]让-弗朗索瓦·何维勒、马修·理查德：《僧侣与哲学家》，赖声川译，华东师范大学出版社 2014 年版，第 261~262 页。

一旦确定了事物的特殊性，就代表着其可以享有特别的权利和特殊的关照。而其实"特殊"和任何事物一样都是一种变化中的特征，因此对其进行定期的检验是达致社会公平正义，保障法律科学有效的一个必要方法。同时，随着社会经济文化的快速发展，我们对事物的认知也应该有一个与事物变化节奏相适应的转变，否则很多当时看上去合理的决定，可能就会演变为一种非正义，甚至产生不公平的问题。特殊权利再评估的时间规定就是一个典型的时间问题，比如备受争议的地方政府对"贫困县"称号的固守，低保户成为了"关系户"以及优质教育资源的分配不公导致的高考流动人口等问题。正如罗尔斯所言，公平不能停留在均等分配，更要考虑人的差异性而实现不平均分配下的实质平等。弱势群体是社会发展过程中某一时期处于不利地位的群体，弱势群体的生存和发展状况水平是考查整个社会和国家的正义水平的重要维度。法律正义体现在维持权利平等，同时又照顾特殊弱势群体的特殊保护的平衡之中，"公共政策也正是通过对弱势群体的特殊保护彰显其公共性，自证其合法性"①。

随着信息技术的快速发展和信息传播途径的多元化，我们在享受便捷信息大餐的同时，也对形形色色的社会现象背后的逻辑产生了质疑。比如近年来广受争议的特殊权益的主体界定和期间设定问题。个别地方政府力图保住自己"贫困县"的帽子，还有开着"宝马"的车主却领着低保金等所谓的怪现象，这些现象背后实质上都有深层次的利益根源，即对既得权益的紧抓不放。戴"贫困县"的帽子意味着每年可享受国家专项扶贫拨款，"宝马低保户"意味着每个月都有雷打不动的低保金进入口袋。而这些"怪现象"的横行实质上是对整个社会的公平正义的亵渎和破坏。学术界同样存在着小团体利益，对比每年国家、省（市）各种科研基金项目的获批立项配比和流向，立项的区域集中性和单位集中性明显、名人学术、抱团学术等都是鲜活的学术垄断样态。最后，教育资源分配问题也是触碰着普通大众的神经，特别是高考生源地规定和院校的地域配比等问题也是广受诟病，高考的招考方式等更是广受质疑。高考是目前国内年轻人获得身份转换的一个主要通道和平台，也是寄托希望的平台，同时大学的批次划分背后代表着一

---

① 陈弟华：《特殊保护弱势群体：公共政策之公平性考量》，载《江汉论坛》2014 年第 2 期。

种成功的预期，这在全世界都是一样的，优秀的教育平台就预示着更大的成功概率。但是每年一次的高考统一考试模式，对于选拔多样化的人才来说是低效的。一年一次的考试时间的规定，让发挥失常的学生需要耗费一年的时间去等待第二次机会，这不能不说是一种时间的浪费，同时统一考试模式会扼杀掉在个别学科有天赋的孩子，这些行为都不利于人才的培养。因此，如何与时俱进地去改革和调整高考制度，应该是一个复杂的工程。从法律上体现和保护特殊权利的正义性，这应该是关键性的一步，因为法律程序上的确认是规范化、权威化的必由之路。例如我国以实现教育公平为目的的立法，其在具体实施阶段就存在不少程序漏洞，如高考加分的不规范、异地教育公平问题，著名学府的区域录取率的设定和平衡等问题，从而影响了教育的公平正义。而通过定期的特殊权利检验和监督不失为一个突围的可行路径。当然，理论转换为实践是需要时间和制度支持的。从法律视域看，通过定期检验是可以达致平衡特殊权利的。

而实现这种特殊权利平衡的主要途径是确立特殊权利的法律位阶。特殊权利属于权利的一种，它仍然遵循权利和义务的共享和分担理论。"没有无义务的权利，也没有无权利的义务"，这是对权利规制的最好解答。特殊权利的特殊保护本来是对人权特殊性和个别性的尊重和确认，但在实际的实施过程中却带来了不少的诟病，如特殊权利变为了某些人的"特权"，甚至是"专权"。其次，从特殊权利所代表的主体不同来看，特权权利可以分为特殊群体权利和特殊个体权利的问题。虽然无论是群体特殊权利还是个体特殊权利都具有特殊权利共有的需要救济或特殊保护的特征，但在具体制定相关法律制度时还是需要根据主体不同分而治之。特殊群体权利影响力是巨大的，它彰显的是整个社会的公平正义水平。因此，对其进行法律规制应该要更严苛和具体。著名思想家哈贝马斯就认为当代世界人权是比实在法更高的正义权威，因为人权明确地规定了国家正义与个人权利的关系。因此，可以说人权是一种通过国家正义而实现个人权利的"高级法"。

总之，在我国全面依法治国的当下，国家和社会的核心价值包括自由、平等、安全、秩序等，但其总价值是尊重与保障人权。因为无论建设中国特色社会主义法治体系，还是实施依法执政；也不管是贯彻"三者统一"，还是坚定走"中国特色社会主义道路"，其最终价值都是尊重与保障人权。党的十八届三中、四中全会这两次号称为姊妹篇的历史性会议，始终都闪耀着人权的光辉，将建设全面依法治国的业绩写入史册。习近平同志在第十八届四中全会上指出：在全面依法治国的过程中，必须加强人权的司法保障。他在讲话中反复强调："司法是维护公平正义的最后一道防线"，并引用了培根的一句名言："一次不公平的审判，其恶果超过十次犯罪。"习近平接着指示："如果司法这道防线缺乏公信力，社会公正就会受到普遍质疑，社会和谐稳定就难以保障。"①因此他慎重地要求：要使人民群众在每一个司法案件中感受到公平正义，要强化人权的司法保障。总之，党的十八届三中、四中、五中全会将中国法治建设推向了一个崭新的阶段，即全面依法治国阶段，其根本特点是"尊重与保障人权"这一宪法原则。从这个意义上讲，这三次中央全会是中国人权发展史上重要的里程碑，它标志着我国进入了人权制度建设和权利保护的全新历史时期。

---

①　《中共中央关于全面推进依法治国若干重大问题的决定》，人民出版 2014 年版，第 55 页。

第四章　通过时间实现法律价值的基本途径

如果说本书的第一章是对时间的概念性梳理，第二章至第三章是从法哲学的角度对时间对法律的作用和时间与法律价值关系的阐释，那么本章则是时间在法律运行层面上的实践探索。归根结底，时间仅仅是一个客观的存在，时间的法哲学研究本质上只是一种认识时间的角度，是一种可能性的状态，属于应然层面的内容。而如何将观念性的应然要求转化为实然性的现实才是让时间法哲学研究发挥其价值的关键。这也是本书从纯粹的理论研究走入理论与实践相结合的研究的一个标志。时间是一切事物存在的条件，法律概莫能外。同时时间本身也是法律的构成要素之一。对目前国内外的文献进行分析可知，时间的法哲学研究还处于单纯的概念分析、理论解释或局部性实践研究等初级研究阶段。因此，可以说本章内容是对时间的法哲学研究的一种尝试，希望能对该领域的深入研究起到一个抛砖引玉的作用。

时间的法律价值是时间在法律运行各阶段体现出来的价值结果，即通过人们在法律运行中的时间的规制和适用而达致的社会效果。正如付子堂教授对法律功能实现论述的那样，"只有合法行为，才能把法理规范对人们行为的要求转化为现实，合法行为乃是法律实现的基本途径"。[①] 2017 年 1 月中旬，国家主席习近平在联合国日内瓦总部的演说中，深入阐释了"共同构建人类命运共同体"这一时代主题。该主题具有深厚的民族文明渊源，同时契合国际社会追求和平，争取可持续发展的共同目标。2023 年 5 月 19 日，国家主席习近平又在继一年前提出中国—中亚命运共同体的基础上，在陕西省西安市国际会议中心主持中国—中亚峰会，在讲话中就如何建设中国—中亚命运共同体提出"四个坚持"：一是坚持

---

① 付子堂：《法律功能论》，中国政法大学出版社 1999 年版，第 242～243 页。

守望相助；二是坚持共同发展；三是坚持普遍安全；四是坚持世代友好。时间的伦理价值就在于为实现世界的可持续发展目标提供了一种可沟通的价值话语。时间的研究也契合于"共同构建人类命运共同体"的理念，因此，探索其在法律运行中的实现问题，也是将这一主题嵌入法律实践中的一种重要尝试。

时间是法治现代化的需要。在大力提倡国家治理现代化的当下，如何走上法治现代化是法学界不得不思考的问题。纵观中国的法治历史，昂格尔的《现代社会中的法律》将法律秩序和法学理论的本质通过历史的演变和现代社会的转折两个方面进行深入剖析，从而为中西方法律体系的比较研究提供了研究基础。① 昂格斯对中国法的发展的分类具有参考和内省的意义，他认为中国法的发展按其核心内容可以分为三个阶段，首先是西周到春秋中叶的礼制，以习惯法为中心；接着是从春秋中叶开始的官僚法，伴随国家形态从封建制向郡县制的转变，这个时期的法律出现了实证的、公共管理的官僚法；而最后一个阶段是两汉时期的儒法之争，双方的争执以致无法在制度上达到统合，从而使现代意义上的法治无法形成。② 正如前部分所论述的那样，时间和法律价值有着千丝万缕的联系，时间的实现过程是其与法律价值的契合过程。而法律价值体现在整个法律运行过程中，时间的实现需要立法、执法、司法的整个法律运行过程的相互协调保障。因此本部分旨在论述时间在法律运行中的实现问题。

第一节　坚持全面依法治国理念

全面依法治国理念是时代的选择也是历史的必然，其本身包含着对法律价值的实现的要求。十八届四中全会提出"全面推进依法治国"，总目标是建设中国特色社会主义法治体系，建设社会主义法治国家。全面依法治国是马克思主义中国化、时代化、大众化的重大成果之一，也是中国法治建设的基本经验。大凡一个国家，不管是有意还是无意，几乎都有一个治国方略，并同时确立与之相适应的原则。如我国古代的春秋战国时代，天下大乱，礼崩乐坏，急需治国方略，于

---

① 参见季卫东：《正义的思考轨迹》，法律出版社 2007 年版，第 145~146 页。
② 参见季卫东：《正义的思考轨迹》，法律出版社 2007 年版，第 147 页。

是诸子百家，纷纷提出自己的主张，如儒家提出"德治"的治国方略，相应的总原则是"仁爱"；道家的治国方略为"无为而治"，基本原则是"道法自然"；墨家的治国方略是"人治"，基本原则是"兼爱"；法家的基本思想是"以法治国"，基本原则是"以法为本，法、术、势"相结合。历史证明，法家的治国方略与原则，适合当时的大势，通过商鞅变法，"以吏为师，以法为教"的治国理政实践，经历 140 余年，秦国终于由弱变强，秦王嬴政横扫六国，在中国历史上建立了第一个封建集权帝国。尽管后来因秦王朝严刑峻法和秦始皇突然暴毙以及赵高倒行逆施，最终导致王朝的灭亡，但其实现中华民族的统一，自然与法家的治国方略与原则有关。

一、法律传承与现代创新相结合

继往开来，与时俱进，这是马克思主义的理论品格，也是习近平同志全面依法治国坚持的一条原则。习近平同志不仅坚持老一辈无产阶级革命家提出的"依法治国"的根本方略，而且在这一基础上创造性地提出了一条全面依法治国的新理念、新思想、新观点。具体地讲：

第一，习近平同志提出并阐述了"法治中国"这一具有深远影响和重大创举的命题。"法治中国"是中国法治建设的升级版，既概括了"依法治国"与"法治国家"的科学内涵，又极大地激发了全国人民的民族精神，是法治建设在当代中国的政治表达，标志着中国法治建设进一个崭新的阶段——全面依法治国建设阶段。全面依法治国是党和国家关于"四个方面"战略布局的重要组成部分，如果说全面建成小康社会是兴国之纲，那么全面深化改革则是强国之路，全面依法治国是治国之道，全面从严治党是治国之基。也就是说全面建成小康社会是这一历史阶段的目的，其他三个全面都是实现这一目的重要手段。"四个全面"是中华民族伟大复兴的壮举，意义极深远。

第二，提出和坚持依法治国的运行机制，即坚持"依法治国、依法执政、依法行政共同推进。坚持法治国家、法治政府、法治社会一体建设"。这里要说明的是建设法治政府，是全面依法治国的关键。早在 2002 年，国务院就提出建设法治政府的要求，后来习近平同志又提出坚持建设法治政府同法治国家、法治社会一体建设，可见建设法治政府是全面依法治国中的关键问题。这是因为"法律的生命力在于实施，法律的权威在于实施"，要"加快建设职能科学、权责法定、执法严明、公正公开、廉洁高效、守法之诚信的法治政府"。① 习近平在十八届四中全会的讲话中，特别把"建设法治政府"作为重要的问题专题予以论述，其重要性不言而喻。

第三，提出和论证了全面依法治国的核心问题。习近平同志指出："党和法治的关系是法治建设的核心问题。"具体说就是要坚持党的领导，坚持中国特色的社会主义制度，贯彻中国特色社会主义法治理论。坚持党的领导是社会主义法治的根本要求，是党和国家的根本所在、命脉所在，是全国各族人民的利益所系、幸福所系，是全面推进依法治国的题中应有之义，社会主义法治必须坚持党的领导，党的领导必须依靠社会主义法治。正如习近平同志所讲的，"改革与法治，如鸟之两翼、车之两轮，将有力推动全面建成小康社会事业向前发展"②。改革与法治是当代中国的时代使命，也是中华民族的历史选择。通过改革与法治，中国进入了民主化、法治化的新阶段，同时引领了改革发展的新方向，勾勒出民族振兴的顶层设计。

第四，提出与时俱进，坚持改革的道路。改革按照性质不同，可以分为制度改革和体制改革两种。所谓制度改革是由一种社会制度形式向另一种社会制度形式的转变，如我国古代的商鞅变法与日本的明治维新。而体制改革是在原有制度的基础上，社会体制的自我完善。我国现行的改革即是一种鲜活的体制改革，是在保证原有制度前提下的体制完善。而法治按照法治成熟程度分为依法治国阶段与法治国家阶段。我国当前的法治处于具有复杂性、过渡性和工具性的依法治国阶段，目标是建设社会主义法治国家。因此，从内容上讲体制改革与依法治国的关系即改革与法治的关系。我们必须清楚，中国当前的改革是体制改革，有法可依是改革的前提条件。如习近平同志所讲的"在法治的轨道上进行"，既不是所谓的"良性违宪"，更不能背法而行。一旦改革与法治之间出现了矛盾或者冲突，那么首先就要修订法律，再根据法律进行改革。我们要改变"大破大立""大破不

---

① 《中共中央关于全面推进依法治国若干重大问题的决定》，人民出版社2014年版，第15页。

② 《习近平关于全面依法治国论述摘编》，中央文献出版社2015年版，第14页。

立"的陈腐观点，在法律的框架下进行社会主义制度的自我完善。改革是强国之路，法治是治国之道，两者必须结合。我们的一切工作必须紧扣这两个时代主题。任何偏离改革之举，将是一条邪路，一条闭关锁国之路，一条不归之路，这是中国人民绝对不能答应的。任何违背法治的行动，必将回归人治的老路，这是在当代中国行不通的。紧扣改革与法治两大主题，这是时代的要求、人民的愿望。我们相信，抓住两大主题，民族必然复兴，国家必将富强，人民终将幸福。

第五，提出和强调提高领导干部这个"关键少数"法治思维和法治方式的水平，是全面依法治国必须解决的问题。没有法治思维与法治方式，不可能有法治具体行动。法治思维就是以合法性为起点、以权利义务为主要内容的逻辑过程，一般包括：权利义务一致、程序正义、良法治理、权力控制、公开公正等。法治方式是法治思维的具体实践。因此，在全面推进依法治国的过程中，必须认真抓好提高领导干部这个"关键少数"的法治思维与法治方式的水平。

习近平关于全面依法治国的重要论述远不止上述几个方面，诸如关于深化改革与全面依法治国的关系，关于法治体系、法治与国家治理、法治与社会治理、法治与全球治理、法治话语体系、权力制约、法律与道德、法治与人权以及权利、义务、责任、文本，等等，可以说对全面依法治国的各个方面，都提出和阐释了新理念、新观点、新思想。

二、国家顶层设计与法律进程相结合

习近平同志传承老一辈无产阶级革命家的优良传统，注重社会调查，重视反复摸索与实践。尤其是全面依法治国这样事关全局，又前无古人的伟大事业，更是走一步，看一步，用的是邓小平同志倡导的"摸着石头过河"的办法，反复实践，不断总结经验并升华为马克思主义中国化、时代化、大众化的成果。其目的是认识社会主义建设规律和依法治国的规律，最终使全面依法治国有规律可循。正是在此基础上，通过从实践到理论、从理论到实践的多次反复，最终形成依法治国的顶层设计：《中共中央关于全面推进依法治国若干重大问题的决定》（以下简称《决定》）。

该《决定》直面我国法治建设的突出问题，立足我国法治建设的实际问题，明确提出与设计了我国全面依法治国的指导思想，总体目标和关于依法治国的一系列新理念、新思想、新观点和新实践，完善了党的领导与依法治国的关系，深化改革与依法治国、建设法治政府、依法治国与以德治国相结合等一系列重大的理论与实践问题，对科学立法、严格执法、公正司法、全民守法，切实护法以及法治队伍建设作出了全面部署，有针对性地回应人民群众的呼声和关切。各方面一致认为，该决定鲜明地提出坚定走中国特色社会主义道路、建设中国特色社会主义法治体系的重大论断，明确了建设社会主义法治国家的性质、方向、道路和抓手，必将有力推进全面依法治国的伟大进程。

国家顶层设计与法律进程相结合强调法律进程中时间的重要性。党的十八大以来，我国在深化改革与法治建设中，一直采取顶层设计与反复探索相结合，以顶层设计的为方针。实践证明，坚持这条原则是历史必然，也是客观的要求。这是因为依法治国已经实践 20 多年，摸索了不少经验，可以升华为理论加以总结进行顶层设计。同时又要看到：全面依法治国还会碰到很多新问题，需要在实践中摸索，通过从实践到理论、从理论到实践的多次反复，又可以为顶层设计提出材料和论据。总之，我们要坚持顶层设计与反复摸索相结合，以顶层设计为本，不断把全面依法治国推向前进。

三、立足国情与借鉴中外相结合

全面依法治国必须立足国情，从中国实际出发，这是一条马克思主义原则，也是被实践早已证明的真理，正如习近平同志指出的："社会存在决定社会意识。我们党现阶段提出和实施的理论和路线方针政策，之所以正确，就是因为它们都是以我国现时代的社会存在为基础的。""即从我国现在的物质条件的总和出发的，也就是从我国基本国情和发展要求出发的。"①我国国情是什么呢？综合起来至少有 5 条：一是我国正处在社会主义初级阶段，而且时间很长；二是中国曾受封建统治几千年，法治观念薄弱；三是中华人民共和国成立后废除了国民党六法全书，建立以马克思主义法学为指导的法制体系，但经历过"文化大革命"的干扰与破坏；四是党的十一届三中全会后特别是依法治国入宪二十年来，法治建设成就辉煌；五是还有极少的人受西方法学思想影响较深。因此，将全面依法治国

---

① 《习近平关于全面深化改革论述摘编》，中央文献出版社 2014 年版，第 11 页。

推向深入的时候，更要从中国国情出发。习近平同志总说："一个国家实行什么样的司法制度，归根到底是这由这个国家的国情决定的。评价一个国家的司法制度，关键看是否符合国情，能否解决实际问题。"①因此，我们在坚持中国特色社会主义道路的基础上，在立足国情的同时，还要合理借鉴中国古代与西方的法学思想与法学措施，但不能照搬西方法学制度与"三权分立"的原则，也不能沿袭中国古代的法律思想与制度，而是要有分析地合理借鉴，坚持"洋为中国，古为今用"的原则。

对时间的规制立足国情与借鉴中外相结合，以立足国情为本。在全面推进依法治国的同时，要进行司法改革，其中包括以审判为中心的诉讼制度改革，司法管理体制的改革，等等。如司法机关要实行"员额制"，这是立足国情借鉴西方的一种司法人员管理制度。西方国家的一般司法官如法官检察官占总额的30%左右，而在改革中从中国实际出发，国内多数司法机关的法官或检察官的数量占全院总额的39%左右，原因是中国人口众多，民刑案件较多，司法官员应适当增加比例，这便是从中国国情出发的具体表现。实际上，世界上没有最好的司法制度和法治模式，只有符合国情的司法制度和法治模式，而符合国情的法治模式和司法制度，就是最好的法治模式与司法制度。

四、坚持治本与治标相结合

法治的初衷是权力制约，所谓法治实质上就是"控权之治"。对官员来说，法定职权必须为，法无授权不可为，因此，要把权力关进制度的笼子里。对权力的制约既要治本，也要治标，而且必须以制度建设为本。正如习近平同志所指出的："法治和人治问题是人类政治文明史上的一个基本问题，也是各国在实现现代化过程中必须面对和解决的一个重大问题……相反，一些国家虽然也一度实现快速发展，但并没有顺利走进现代化的门槛，而陷入这样或那样的'陷阱'，出现经济社会发展停滞甚至倒退的局面。后一种情况很大程度上与法治不彰有关。"②

---

① 《习近平关于全面深化改革论述摘编》，中央文献出版社2014年版，第74、77页。
② 《习近平关于全面依法治国论述摘编》，中央文献出版社2015年版，第12页。

反对腐败是全面依法治国的重要方面，既是一场长期的政治斗争，也是严肃的法制改革，既要"打老虎"，又要"拍苍蝇"；既要治标，更要治本。治标，就是要揭露腐败分子，使他们成为"过街老鼠，人人喊打"，将他们绳之以法。治本，就是要加强制度建设，并形成一个严整的、行之有效的制度体系，使腐败分子不敢腐、不能腐、不愿腐。构建一个以权力制约权力、以权利制约权力、以社会制约权力的天罗地网，正如习近平指出的那样："我们要坚持标本兼治、综合治理、惩防并举、注重预防方针，更加科学有效地惩治腐败，全面推进惩治与预防腐败体系建设。"①

时间规制坚持治本与治标相结合，以制度建设为本。我国现已建立完善的法律监督制度，既有国家监督(包括权力机关监督、行政机关内部监督、司法机关监督和国家专门监督机关的监督)，又有社会监督(包括人民政协与民主党民监督、社会监督、媒体监督)，还有党的监督。这些监督要形成合力，重拳出击，像国家开展的反腐斗争一样，必然会收到好的效果。当然还要合理借鉴世界各国反腐卓有成效的各种制度，如官员财产的登记制度，主要官员任期届满的审计制度，主要官员的家眷有关情况的报告制度，政府工作人员的廉洁制度，等等。还要根据实际情况，要求主要官员及其家属出国、出境的报告制度；离退休领导干部在一定期限内不能兼任企业职务制度以及现任官员不能兼职过多的规定，等等，制度是管长远的，靠得住。因此，全面依法治国必须加强制度建设。

五、遵循法治与德治相结合

法治与德治相结合，这是中国古老的传统，但在新的条件下，它们有了崭新的内容。我们讲的法治是社会主义法治，我们讲德治是指弘扬社会主义核心价值观和中华传统美德，培养社会公德、职业道德、家庭美德和个人品德。法治与德治相结合，就是要一手抓法治，一手抓德治；既重视发挥法治的规范作用与社会作用，又重视发挥道德的教化作用与感召作用。在实践中，要以法治体现道德理念，强化法律对道德的促进作用，又以道德滋养法治精神，强化道德对法治文化的支撑作用，实现法律与道德相辅相成，法治

---

① 《习近平关于全面依法治国论述摘编》，中央文献出版社 2015 年版，第 12 页。

与德治相得益彰。

时间的规制遵循法治与德治相结合，两者相得益彰。法治与德治历来就是社会调控的两种方式，相互包含与相互作用，但两者又是相互区别的。法律是起码的道德，虽都属于意识形态范畴，但一个属于规范形态，一个属于心理状态，它们至少有四点不同：一是制定的机关不同，法律是国家制定的，道德早在原始社会就有了，是在人与人的交往过程中产生的。二是表现形式不同，法律是以规范的形式表现出来的，是公开的，而道德则以心理状态表现出来，很少见之于规范。三是法律的实现，主要是靠国家的强制力。当然，教育也有一定作用，尤其是社会主义国家更重视法治教育。而道德主要靠自律。四是法律控制国家权力。主要是以权力控制权力、以公民权利控制权力、以法律控制权力、以社会控制权力。而道德控制权力主要靠舆论，因此，在全面依法治国的实践中，我们不能把道德问题用法律来处理，也不能把法律问题当作道德问题来看待。

同时，我们必须认识到，我们现在讲的"德治"与春秋时期儒家提倡的德治是有区别的。因为儒家的德治是强调圣君贤人，道德教化，属于人治范畴。我们现在讲的德治是指用社会主义核心价值观来教育人、感召人，强调社会公德、职业道德、家庭美德和个人品德，是在全面依法治的基础上讲德治。当然，我们也会合理借鉴儒家关于德治的某些因素，两者有一定的历史联系。总之，我们应该在当今历史条件下来提倡法治与德治的结合，使两者相得益彰。

总之，坚持依法治国理念下，将法律传承与现代创新相结合，国家顶层设计与法律进程相结合，同时，对时间的规制立足国情与借鉴中外结合，时间规制坚持标本兼治，时间的规制遵循法治与德治相结合，从而在法治实践中践行法律价值。

第二节　立法中时间对法律价值的实现

通常而言，立法指代的是一个法制化过程，其本身是一个中性概念，无所谓善恶之分。但是立法的结果却会因为立法目标的不一致进而让人产生正义与非正义的感受，也就是良法正法和恶法邪法之分。拉伦茨说过：对于任何一个法规范的理解而言，其不可或缺的背景是该规范起草时的社会现实，其连同法规范产生时的法之状况及法规范在其中发生作用的今日之社会均属于法规范本身。同理，立法本身就意味着必须同时考查法律问题产生的历史背景与法律运行的社会现实。立法中时间对法律价值的实现主要表现为立法的结果是良法正法，让人感受到的是立法的正义。而立法的正义是与其背后的政体紧密相关的，就历史发展的进程看，良法正法是与民主法治相联系，而恶法邪法则代表着专制人治。立法中坚持正义的时间原则，比如对与嫌疑人人权紧密相关的羁押时间、审讯时间等要严格依法执行，它是构成了实现时间对法律公平正义价值的第一步。"法的正义价值能否实现与法本身是否体现了正义精神有着直接的关系"①，而法本身的正义性又源于立法的正义性。因此，保证法的正义价值的关键是坚持立法正义。随着法治文明的发展，立法正义已经成为当下民主国家的共识。立法正义是司法正义的前提和基础，进而也是法律正义的保证。立法是立法主体制定、修改、废止法律、法规的活动。科学立法是依法治国、建设法治中国的前提和基础。立法正义则是在这些立法活动中坚持科学立法原则的基础上体现出来的正义性。《立法法》第六条规定："立法应当从实际出发，科学合理地规定公民、法人和其他组织的权利与义务、国家机关的权力与责任。"这就从法律上明确了科学立法的基本理念和指导思想。立法是一项包含立法原理、立法体制和立法技术三方面内容的社会活动。因此立法正义也必然涉及上述各方面的内容，即立法原理的科学性、立法体制的完善性和立法技术的成熟性。具体而言，立法应涵盖保障人权、尊重公序良俗、倡导社会诚信、保护私权和限制公权等内容。而推进时间在立法中对法律价值的实现，应当进行相应的立法完善工作。校正立法的宗旨，弘扬法律的正义价值；坚持立法民主化，畅通民众参与立法的渠道；倡导立法程序公开，保障利益主体公平博弈；加强立法审查，做好法律清理与备案工作。

一、立法中时间的设置弘扬正义立法宗旨

以弘扬正义价值为立法宗旨，促进通过时间对立法中的法律价值的实现。时间立法正义的基础是立法正义，而立法正义的前提是立法宗旨的正义性。立法正义是法律正义的起点，是保障法律正义实现的前提，也是法治启动正义机制的原

① 周文华：《法的正义价值》，知识产权出版社 2008 年版，第 148 页。

点。立法正义是执法正义和司法正义的前提。因为对人的生活具有根本性的作用，其最终又体现为一种制度正义。而"制度正义是社会基本体制的正义，对人的生活具有根本性的影响"①，因此，可以说坚持和追求时间立法正义，需要在立法主体、立法内容、立法原则和立法过程等多方面体现时间的正义价值，所立之法应为统一了民主性、科学性和社会性的"良法"。② 第一，立法主体应具有正义感，在行使立法职责时，当面对多项社会价值选择，能优先考虑正义价值。例如《民法典》第一千零八十二条规定，妇女在孕产期和哺乳期(分娩后一年内或终止妊娠后六个月内)，男方不得提出离婚。这一法律规范就体现了对主体特殊时期的基本权利的特别保护。而这种保护是在婚姻自由和妇女特殊权益保护之间的价值选择，是对特殊人权的一种特别尊重，其本质上彰显出的是立法者的正义感。第二，立法内容应以保障权利的实现为核心，特别是对弱势群体的利益关注，使在社会中处于最不利地位的人也能同样感受到正义的温暖。例如对残障群体的基本权利的法律保护，体现在立法中应该是从残障设施的建设到教育权、就业权等多方面的保障，进而实现社会的公平正义。第三，在立法原则上，应坚持"法律面前人人平等"的正义原则。通过立法完善社会保障体系，缩小贫富差距，进而维护社会公平。第四，在立法过程上，做到权责一致、权利和义务的统一，以及权利主体与权力主体的地位平等，彰显法律的内在正义。

二、立法中时间的设置坚持科学立法原则

坚持科学时间立法、立良善法是我国目前的立法原则。这些原则同时也体现了时间立法的正义价值。正如亚里士多德所言，法治在于普遍服从制定好的良法。这里的"良法"就是体现公平、正义的法，或者是具有良好价值属性的法。因此，时间立法正义通过科学地对时间进行规定和限制来促进正义价值的实现。

首先，立法科学性在时间上的体现。如上文所述，法条中的时间规定和法律运行中的时间都是影响时间实现的因素，因此，立法中的时间也包含两个方面的内容，一方面是完善时间相关的体现正义的实体法规则，另一方面是完善立法过

---

① 苏晓宏：《法理学原理》，法律出版社 2013 年版，第 129 页。

② 参见付子堂：《法律功能论》，中国政法大学出版社 1999 年版，第 299 页。

程中实现正义价值的时间的程序法规则。同时立法应该是源于现实的社会生活，紧密联系鲜活的社会现实和人们的客观需要。仅仅基于抽象的"正义"观进行立法往往会失去方向，对问题的解决没有任何作用，因此，必须将"正义"现实化，而正义现实化的最简单和直接的方式就是正义时间化。例如对合法结婚年龄的规定，各国和各个时期都是不一样的。联合国成员国的合法结婚年龄大多规定在18岁或16岁。联合国人权委员会认为，合法结婚年龄不应低于15岁。实际上由于经济、宗教、民族、地区、生育政策、教育等因素，法定结婚年龄普遍低。[①]古代中国结婚年龄也普遍偏低，一般是16岁左右，这是受经济社会文化发展水平所制约的。我国现行《民法典》中对婚姻主体年龄的规定为，女方不早于20岁，男方不早于22岁。该规定是基于主体的心理和生理发育特征，还有接受义务教育和必要生活经验的积累几个方面而制定的。其考虑的因素既包括维护主体的婚姻权益，同时也考量成熟个体的婚姻相对稳定，进而也利于整个社会的稳定。因此，看似简单的婚姻年龄设置问题，其实也内隐着深层次的社会问题和正义问题。而之所以通过年龄来确定主体资格，也是基于时间理性特征而作的选择。保障婚姻理性的有效方法之一就是能找到理性的考量标准，而年龄无疑是最好的标尺，即通过年龄时间给出一个综合科学权衡后的结婚指导年龄。因为个体年龄对于生理、心理和教育水平等具有普遍意义，一般而言，青年人年龄越大接受教育水平的时间相对更长，生理和心理也相对成熟。因此，可以说这就是一种典型的时间立法正义。

其次，科学立法原则是法治建设的要求，也是时间的需要。2012年，党的十八大报告中明确提出，"法治是治国理政的基本要求。要推进科学立法、严格执法、公正司法、全民守法，坚持法律面前人人平等，保证有法必依、执法必严、违法必究"，"科学立法"被明确为我国法治建设的方针之一。同时，习近平在十八大之后关于社会主义法治建设的多次重要讲话，反复强调了"科学立法、严格执法、公正司法、全民守法"的十六字方针。可见法治建设的前提就是科学立法。科学立法对于法治建设和全面依法治国目标的实现都具有基础性作用。科学立法的实质就是立法要尊重和体现规律。而对规律的尊重则体现在对于科学的

---

① 参见 http://www.66law.cn/topic2012/sjggjhnl/93225.shtml，2017年3月8日访问。

准确认识上。科学是通过科学方法获得的现实世界的系统化和公式化了的知识体系。一般而言，科学包括自然科学和社会科学两大领域。相应地科学立法也包括两个方面的内容：一是立法要严格遵循自然科学的客观规律。这实质上是强调立法应该尊重自然的客观理性，摒弃狭隘的一切以人为中心论，进而促进整个世界的可持续发展目标的实现。二是立法同时也要遵循立法工作本身的规律，而这种规律可以视为社会科学的范畴。具体而言又包括科学的立法制度和立法技术。而立法制度和立法技术的科学化过程本身就是社会科学的过程。科学立法是建设法治政府、法治国家和法治社会的前提，其本质上是通过立法过程将公认的、普遍性的正义理念转化为体现国家意志的法律。时间的实现就是通过在立法中突出时间对正义价值实现的意义，而这个突出时间的过程本身就是一种科学理性的表现。因此，可以说时间是科学立法的一个目标，而科学立法是实现时间的手段。让两者互促互进的具体路径就是通过对时间的科学立法实现分配正义。时间的科学立法应该包括立法的标准、立法的方式两个方面的内容。科学立法涵盖主客观的复杂内容，因此，理解科学立法可以从其反对的立法方式入手。

最后，科学立法反对经验立法，尊重时间的独立价值，也就是时间价值。经验立法是一种非科学的立法，它所倡导的是立法过程中将法律与人文现象的契合，而不倡导法律与自然的和谐共处。经验立法这种仅仅关注立法中的人文因素而忽略了自然因素的方式是非科学的，也是违背生态文明建设中对自然的尊重和关怀。科学立法也是一种思维范式的转变，认为人和自然都是历史的范畴，也都一直处于发展变化中，两者相互联系、相互限制，因此应该将两者统一起来进行立法。应该说科学立法从过去经验立法仅仅以人为中心，发展到兼顾人和自然共同的利益，这是符合可持续发展战略的。

总之，立法层面上，时间正义是以科学立法为基础，从社会现实出发，正确反映社会的公共需求，根据社会发展的客观规律，切实解决当下的问题，致力于产生一定的社会效益。立法应该以问题为导向，以及时解决问题为目标。对社会关注度高、影响范围大、具有一定持续性，并且还将长期影响人们生活的事由作为立法研究对象，强化立法的针对性。同时要评估法律运行各阶段成本，并进行相应的社会效益分析，对立法所产生的经济社会效果进行预判，进而加强立法的实效性；要杜绝单纯地贯彻领导意思、应付考核需要、体现政绩工程而立法，增强立法的客观性。立法解决现实问题的相关典型案例如"醉驾入刑"的规定。"醉驾入刑"的规定，对有效解决醉酒驾车这一突出社会问题、保护人身财产安全，产生了十分显著的效果。

三、立法中时间的设置影响法律价值实现的基本因素

时间立法正义会涉及多方面的问题，包括时间维度下的立法的现实基础、立法坚持的正义标准以及如何协调法的稳定性与可变性、普遍性与特殊性等两组相对的属性。中国古代就注重天理人伦，认为法制应该与时俱进，不应该因循守旧。商鞅就非常重视法的现实性与实效性，认为"当时而立法，因事而制礼；礼法以时而定，制令各顾其宜"，"苟可以强国，不法其故，苟可以利民，不循其礼"①。韩非子认为，"治民无常，唯治为法。法与时转则治，法与世宜则有功。……时移而治不易者乱"。② 此外，马克思对立法的时间性也有所论述，他说，"法的关系……不能从它们本身来理解，也不能从所谓人类精神的一般发展来理解……它们根源于物质的生活关系"③。以萨维尼为首的历史法学派认为立法应该是一个谨慎的过程，不应该急功近利，而是遵循立法的规律，在立法条件成熟的基础上开展。耶林认为法是国家通过强制手段加以保护的社会生活条件的总和，法必须与当时的社会需要和民族所达到的文明程度相适应。当然，由于法本身的复杂性和正义标准的不确定性，没有一劳永逸地解决法的正义问题的办法，只能按部就班尽可能地发展出与具体时空场域相适应的正义理论并付诸法治实践。人类也不可能制定出一套对于任何时代、任何国家来说都是正义的普世法，而只能借鉴历史、立足现在、面向未来，尽最大可能地制定出符合现时代特征的正义法。

(一) 内容性要素

其一，时间立法包括制定新法律和修订现有法律两个方面的内容。就时间的

---

① 参见《商君书·更法》。
② 参见《韩非子·心度》。
③ 《马克思〈政治经济学批判〉序言、导言》，人民出版社1971年版，第6页。

稳定性和法律的安定性追求而言，修订既有法律显然比制定新法更重要。任何一部法律都离不开时间，时间是让法律产生生命力的基础。失去了时间，法律无法产生效力，更无权威可言。如前文所述，时间是法律规则的存在形式，也是法律适用的范围和法律的执行依据。通过时间的法律规制，有利于督促权利或权力主体正当地行使权利或权力，从而维护私权利和限制公权力。但是，总体来看，这些时间的立法规定的科学性和效率性还有待提高，时间立法的不严谨容易导致执法行为无序性或自由裁量权的扩大，进而背离了立法公平正义的宗旨，损害了当事人的权益。例如，刑法中的刑期规定如何能做到"刑法一致"，需要借助经济学、统计学和社会学多学科的知识来设置一个合理的标准，而不是简单地一刀切。量刑的科学化首先以立法中刑期设置的科学化为保障。"立法正义是法治正义的前提，立法的不正义是扼杀法治的利剑。实现立法正义首先需要确立立法上人人平等的原则"[1]，除此以外，立法正义当然还有形式正义的要求，包括立法体系的统一性、立法内容的普遍性和法条的可执行性。首先，立法体系的统一性是立法权威的要求，强调法律内容应该呈现前后一致和互为补充的样态，是避免法律冲突和矛盾，甚至出现法律漏洞的前提。其次，立法内容的普遍性指代的是法律内容具有普遍适用的可能性，而不仅仅针对特殊情况，应当做到"同案同罚"。最后，法条的可执行性，法律的生命力在于"执行"，如果法条的内容过于抽象，模糊、笼统，就可能产生歧义甚至产生无法适用的问题，进而成为"僵尸"法律，就失去了法律的应有价值。[2]因此，在立法过程中，如何科学处理时间立法是当前解决时间的首要问题。没有立法中时间立法的平等性原则，就没有时间，当然时间司法正义和时间执法正义也就无从谈起。笔者认为立法正义的关键在于立法原则的科学性，而科学的立法原则又包括程序性原则和实践性原则两个方面。同时，随着互联网技术、共享经济的快速发展和大数据时代的来临，立法同时要具有适度的弹性和可预期性。总之，立法完善是一种促使时间实现的源头的举措，通过立法来界定权利与义务，赋予权力合法地位的分配正义，进而促进实质正义的实现。

---

① 齐延平：《论正义化的法运作》，载《学习与探索》2000 年第 2 期。
② 参见齐延平：《论正义化的法运作》，载《学习与探索》2000 年第 2 期。

其二，法律规则是法律的主要构成部分，在法律体系中处于核心支配地位，因此立法正义实质上就是法律规则中应该体现正义价值追求。对时间的法理探究必然无法绕过对其与法律规则之间关系的思考。时间是通过法律中的时间来达致正义价值的表现形式，而"法律规则的功用在于支配法律关系"，萨维尼认为法律规则支配法律关系的时间范围应该遵循两原则，"新法不应溯及既往，新法不得影响既得权"①。首先，"新法不应溯及既往"这个原则具有深厚的历史渊源，是古今中外人们的一种常理体现。如老话常说"规矩立在前"就是一个道理，强调先有规矩，后有惩罚的因果逻辑，但是大多时候，我们都把这个原则当作一种普遍真理，不加分辨地简单地普遍适用，从而忽略了其中重要的例外情形，甚至对例外持一种排斥的态度。萨维尼却特别关注这些例外情况，以达至更精确地界定这两个原则的适用范围。他将法律规则的内容进行了类型化，将法律规则分为权利的获得和权利的存在两种形式，并认为权利的获得的法律规则应该适用非溯及力原则，而权利的存在在大多数情况下适用溯及力原则。②

(二) 程序性要素

"实现立法正义需要建立起以民主为精髓的民意表达机制，并要有切实可行的措施保证机制内通道的畅通有效"③，具体而言就是要坚持立法的程序本位原则。而程序本位中的程序性当然包含了时间性的内容。程序本位，"就是要在民事诉讼中坚持以诉讼过程，而不是以诉讼结果为出发点和评价标准的理念。在一般的意义上，民事诉讼程序的功能主要体现在两个方面：一是为当事人的纠纷解决提供一种公正的程序；二是通过这种程序的进行，获得一个公正的处理结果"。④ 程序本位是与结果导向相对应的程序立法原则。中国法制发展的历史表明，中国历来是一个结果导向型的国家，人民关注的焦点在于结果的正确与否，而忽视了过程中的规范性和程序性。因此，可以说程序性价值在我国法律体系中

---

① [德]弗里德里希·卡尔·冯·萨维尼：《法律冲突与法律规则的地域和时间范围》，李双元、张茂、吕国民、郑远民、程卫东译，法律出版社 1999 年版，第 202 页。

② 参见[德]弗里德里希·卡尔·冯·萨维尼：《法律冲突与法律规则的地域和时间范围》，李双元、张茂、吕国民、郑远民、程卫东译，法律出版社 1999 年版，译者序。

③ 齐延平：《论正义化的法运作》，载《学习与探索》2000 年第 2 期。

④ 江伟、吴泽勇：《论现代民事诉讼立法的基本理念》，载《中国法学》2003 年第 3 期。

一直处于比较薄弱的处境。

随着经济社会文化的发展，特别是法治文明的日趋成熟，传统"重实体，轻程序"的观念确实得到了很大的改善，但是仍然对程序本位论存在偏见。实际上程序本位论强调程序性价值。美国耶鲁大学教授杰里·马修在其《行政性正当程序：对尊严理论的探求》一文和《行政国的正当程序》中就"正当程序原则"作出了全新的界说和论证，并提出了具有革新意义的"尊严理论"，揭示了程序正义价值的核心内容并奠定了其理论地位。该"尊严理论"提出了与传统程序价值完全不同的理念，认为"尊严价值"理应是一个集合体，包括平等、理性、可预测性、参与、隐私等内容。① 程序正义是在承认实体公正价值的基础上的一种正义，它强调的是正义应该是一个程序价值和实体价值统一的整体正义实现形式。实体公正不是诉讼的唯一目标，在诉讼过程中感受到程序正义给予的人格尊重和平等对待有时候比结果的公正与否更重要。比如近年来十分典型的"一元诉讼"，当事人的目的显然不是实体结果，而是自己的人格尊严得到法律的尊重和保护的过程。因此，一方面，实现实体公正是正义的核心内容，为此需要健全高效的程序正义做保证；另一方面，人性对恣意的抵制和对秩序的尊重，具体表现在程序的不可逆性和程序的终局性等方面，这对于实体正义的确定性和及时性而言是有积极作用的。相反，如果只看重实体权利，而轻视程序正义，就难免会造成诉讼程序的反复和审理期限的推延等非正义的情形。程序安定"是指民事诉讼应依法定的时间先后和空间结构展开并做出终局决定，从而使诉讼保持有条不紊的稳定状态"②。

(三) 制度性要素

诚然，每部法律从制定到实施都离不开时间，时间对于法律价值的实现起着关键性的作用。失去了时间的法律无法准确地确定其适用的范围，也无法有效地被执行。因此，确立时间的独立地位是必要而且是重要的，而关键就是确立时间在立法中的标准问题。时间在立法中无处不在，正如马克思所言"一切事物都处

---

① 参见陈瑞华：《程序正义的理论基础》，载《中国法学》2000 年第 3 期。
② 江伟、吴泽勇：《论现代民事诉讼立法的基本理念》，载《中国法学》2003 年第 3 期。

于一定的时间和空间中"。立法的过程一样充满了对时间的选择和限定。

立法中的时间主要类型有:《民法典》中的生效时间、失效时间、起算时间、截止时间、履行期间的规定①;《刑法》中的时间规定主要是时效相关规定,包括追诉时效期限、追诉期限的延长和追诉期限的计算与中断,罪名的变迁以及专门针对刑法时间效力的规定②;《民事诉讼法》中的时间规定包括:收到证据材料的时间、期间、开庭时间、失踪时间等③,《刑事诉讼法》中的时间规定包括:委托

---

① 参见《中华人民共和国民法典》第二百条【期间计算单位】民法所称的期间按照公历年、月、日、小时计算。第二百零一条【期间起算】按照年、月、日计算期间的,开始的当日不计入,自下一日开始计算。按照小时计算期间的,自法律规定或者当事人约定的时间开始计算。第二百零二条【期间结束】按照年、月计算期间的,到期月的对应日为期间的最后一日;没有对应日的,月末日为期间的最后一日。第二百零三条【期间结束日顺延和末日结束点】期间的最后一日是法定休假日的,以法定休假日结束的次日为期间的最后一日。期间的最后一日的截止时间为二十四时;有业务时间的,停止业务活动的时间为截止时间。第二百零四条【期间的法定或约定】期间的计算方法依照本法的规定,但是法律另有规定或者当事人另有约定的除外。第一百五十四条民法所称的期间按照公历年、月、日、小时计算。规定按照小时计算期间的,从规定时开始计算。规定按照日、月、年计算期间的,开始的当天不算入,从下一天开始计算。期间的最后一天是星期日或者其他法定休假日的,以休假日的次日为期间的最后一天。期间的最后一天的截止时间为二十四点。有业务时间的,到停止业务活动的时间截止。

② 参见《中华人民共和国刑法》(2020年修订)第八十七条【追诉时效期限】犯罪经过下列期限不再追诉:(一)法定最高刑为不满五年有期徒刑的,经过五年;(二)法定最高刑为五年以上不满十年有期徒刑的,经过十年;(三)法定最高刑为十年以上有期徒刑的,经过十五年;(四)法定最高刑为无期徒刑、死刑的,经过二十年。如果二十年以后认为必须追诉的,须报请最高人民检察院核准。第八十八条【追诉期限的延长】在人民检察院、公安机关、国家安全机关立案侦查或者在人民法院受理案件以后,逃避侦查或者审判的,不受追诉期限的限制。被害人在追诉期限内提出控告,人民法院、人民检察院、公安机关应当立案而不予立案的,不受追诉期限的限制。第八十九条【追诉期限的计算与中断】追诉期限从犯罪之日起计算;犯罪行为有连续或者继续状态的,从犯罪行为终了之日起计算。在追诉期限以内又犯罪的,前罪追诉的期限从犯后罪之日起计算。

③ 参见《中华人民共和国民事诉讼法(2023年修正)》第六十九条规定,人民法院收到当事人提交的证据材料,应当出具收据,写明证据名称、页数、份数、原件或者复印件以及收到时间等,并由经办人员签名或者盖章;第八十五条规定,期间包括法定期间和人民法院指定的期间。期间以时、日、月、年计算。期间开始的时和日,不计算在期间内。期间届满的最后一日是节假日的,以节假日后的第一日为期间届满的日期。期间不包括在途时间,诉讼文书在期满前交邮的,不算过期。第一百三十九条规定,人民法院审理民事案件,应当在开庭三日前通知当事人和其他诉讼参与人。公开审理的,应当公告当事人姓名、案由和开庭的时间、地点;第一百九十条规定,公民下落不明满二年,利害关系人申请宣告其失踪的,向下落不明人住所地基层人民法院提出。申请书应当写明失踪的事实、时间和请求,并附有公安机关或者其他有关机关关于该公民下落不明的书面证明。

辩护的时间、诉讼代理人介入刑事诉讼的时间、提请批捕和审查批捕的时限以及期间及其计算等①，从而更好地维护权利和规制权力。

2000 年 11 月，邓某骑摩托车带着女儿小霞被谢某驾驶的汽车撞倒并导致九级伤残。经交警认定，谢某负全责。2002 年 7 月 10 日，交警大队下发了《调解终结书》。由于谢某一直未支付邓某及女儿的相关费用，2003 年 6 月 25 日邓某与律师吴某办理了委托手续，委托其代理这起案件并支付律师费。而此时，距"一年"的诉讼时效仅剩半个月。2003 年 7 月 15 日，邓某按吴某的要求在当天下午到当地法院立案庭提交起诉书及证据材料，当年 10 月，该案开庭审理。2003 年 11 月 20 日，邓某收到法院判决书，以邓某提起诉讼时已超过诉讼时效为由，驳回其诉讼请求。邓某知道自己在委托吴某代理此案时距诉讼时效期间届满还有半个月时间，吴某却没有及时向法院提起诉讼，未能使自己得到赔偿。为此，邓某将吴某及律师事务所一并告上法庭。法庭上，吴某和律师事务所都做了不应承担责任的答辩。邓某则出示了写明"6 月 25 日"授权委托书，并认为他对案件超过诉讼时效不负任何责任。2004 年 12 月，法院作出一审判决，以邓某诉请证据不足为由，驳回其诉讼请求。邓某不服，向中级人民法院提起上诉，该市中级人

---

① 参见《中华人民共和国刑事诉讼法（2018 年修正）》第三十四条规定，犯罪嫌疑人自被侦查机关第一次讯问或者采取强制措施之日起，有权委托辩护人；在侦查期间，只能委托律师作为辩护人。被告人有权随时委托辩护人。侦查机关在第一次讯问犯罪嫌疑人或者对犯罪嫌疑人采取强制措施的时候，应当告知犯罪嫌疑人有权委托辩护人。人民检察院自收到移送审查起诉的案件材料之日起三日以内，应当告知犯罪嫌疑人有权委托辩护人。人民法院自受理案件之日起三日以内，应当告知被告人有权委托辩护人。犯罪嫌疑人、被告人在押期间要求委托辩护人的，人民法院、人民检察院和公安机关应当及时转达其要求。第四十六条规定，公诉案件的被害人及其法定代理人或者近亲属，附带民事诉讼的当事人及其法定代理人，自案件移送审查起诉之日起，有权委托诉讼代理人。自诉案件的自诉人及其法定代理人，附带民事诉讼的当事人及其法定代理人，有权随时委托诉讼代理人。人民检察院自收到移送审查起诉的案件材料之日起三日以内，应当告知被害人及其法定代理人或者其近亲属、附带民事诉讼的当事人及其法定代理人有权委托诉讼代理人。人民法院自受理自诉案件之日起三日以内，应当告知自诉人及其法定代理人、附带民事诉讼的当事人及其法定代理人有权委托诉讼代理人。第九十一条规定，公安机关对被拘留的人，认为需要逮捕的，应当在拘留后的三日以内，提请人民检察院审查批准。在特殊情况下，提请审查批准的时间可以延长一日至四日。对于流窜作案、多次作案、结伙作案的重大嫌疑分子，提请审查批准的时间可以延长至三十日。第一百零五条规定，期间以时、日、月计算。期间开始的时和日不算在期间以内。法定期间不包括路途上的时间。上诉状或者其他文件在期满前已经交邮的，不算过期。

民法院维持原判。邓某又向省高级人民法院申请再审，省高级人民法院指令中级人民法院再审。2010 年 5 月 31 日，法院作出再审判决，判决律师事务所赔偿邓某 11 万元。① 从该案中可以看出，时效期间问题看似稀松平常，容易在诉讼中被轻视甚至忽略，但有时候其却能成为诉讼成败的决定性因素。因此，无论是当事人还是律师都应该具有诉讼时效期间意识，及时行使自己的诉讼权益，这一方面是对自己权利的尊重，更是保证司法正义的重要原因。因为任何诉讼都是时间越短，获得案件真相的相关信息越多，可信度越高，司法正义的实现变得更可能，一场耗时长达 8 年的诉讼，虽然最终原告获得了赔偿，但其中的时间成本和机会成本是无法用金钱来衡量的。

总之，通过立法中对时间的设置以弘扬正义立法宗旨、坚持科学立法原则和影响法律价值实现因素的探讨，对于立法中时间对法律价值的实现具有思想指导作用和行动指引意义。

第三节　执法中时间对法律价值的实现

执法中的正义是法律正义的基本内容之一，更是建设法治政府的必由之路。执法的主体是政府，因此执法的正义自然会显示出行政执法的基本特点。首先，执法的正义体现在对自由裁量空间的控制；其次，执法的正义体现在对公权力的限制和私权利的保障两者间的统一；最后，执法的正义体现在以服务行政为执法方式，以人权保障为执法目标。而保障执法正义实现的正确途径是坚持比例原则、正当程序、诚实守信和民主参与等的协同。执法中时间对法律价值的实现路径如下：

一、实现时间的法律价值在执法中坚持严格执法是前提

执法分为广义的执法和狭义的执法。广义的执法指涉一切与执行法律和适用法律相关的活动。本书关注的是狭义的执法，特指行政执法。执法的重要性正如

---

① 李轩甫、李传华：《因律师疏忽超过诉讼时效法院判决律所赔偿委托人 11 万元》，载《检察日报》2010 年 6 月 9 日。

洛克所言"法律不能被执行，就等于没有法律"。① 中国共产党十八届四中全会公报中特别强调了法律执行的重要性，提出"法律的生命力在于实施，法律的权威也在于实施"，进而明确了法律执行的重要地位，执行是法律真正产生效力的前提，没有执行的法律只是一堆无生命力的条文而已。现代执行正义的实现体现为社会公正，即通过提供均等的机会和保障弱者的基本权利，利用程序正义去实现相应的实质正义。同时树立法律权威的前提是严格执法。进入现代社会以来，各主权国都特别重视法律的执行，我国也将依法治国的重心转移到了严格执法上面。而执法中的时间问题与正义有着密切的联系，这部分问题就是执法时间问题。行政执法除了行政复议、行政诉讼外，还有涉及国家赔偿的内容。

"执政"一词，自古有之，一曰"执掌国家政权"，古云"辟邪之人而皆及执政，是先王无刑罚也"。② 二曰，官名，如古罗马西塞罗便做过执政。1799 年，拿破仑当过法国的"第一执政"。民国时期皖系军阀段祺瑞，也做过短期的执政。作为执政党源于资产阶级革命，始于英国。1949 年中华人民共和国成立，中国共产党由以往的革命党变为执政党。1978 年十一届三中全会，把党和国家的工作重点由以阶级斗争为纲转变到以生产为中心上来。党的十六大提出了"依法执政"，并写进党章。第十六届四中全会又提出了提高执政能力建设这一战略问题。2013 年，习近平同志反复强调：建设法治中国，必须坚持依法治国、依法执政、依法行政共同推进，坚持法治国家、法治政府、法治社会一体建设；2014 年在四中全会重申了依法执政在全面依法治国中的重要性，明确指出："依法执政，既要求党依据宪法法律治国理政，也要求党要依据党内法规管党治党。""把依法治国基本方略和依法执政基本方式统一起来，把党总揽全局，协调各方，将人大、政府、审判、机关、检察机关依法履行职能，开展工作统一起来，把党领导人民制定和实施宪法法律同党坚持在宪法法律范围内活动统一起来，善于使党的主张，通过法定程序成为国家意志，善于使党组织推荐的人选通过法定程序成为

---

① 　[英]约翰·洛克：《政府论》，叶启芳、翟菊农译，商务印书馆 1964 年版，第 138 页。

② 　参见《左传·昭公十六年》。

国家政权机关的领导人员，善于通过政权机关实施党对国家和社会的领导，善于运用民主集中制度维护中央权威，维护全党全国团结统一。"①

依法执政是全面依法治国的总方针，是全面依法治国的核心问题。它之所以重要，理由至少有三条：①在社会主义国家搞法治建设，共产党依法执政是关键的一步。离开这一步，依法治国就失去意义。②在党的权威文献中，几乎把依法治国与依法执政看成同义语。党的十八大报告宣称"法治是治国理政的基本方式"，党的十八届四中全会又强调："把依法执政确定为治国理政的基本方式。"③依法执政是具体的政治活动，贯穿全面依法治国的各个环节并贯彻于过程的始终。依法执政的基本形式可以概括为：①领导立法，如起草宪法修正案草案并建议全国人大常委会提请全国人大通过；批准全国人大的立法规划，听取全国人大常委会中共党组的工作汇报，以及基本法律起草或讨论草案；提出国民经济发展五年规划草案的建议稿。②保证执法。法律的生命在于实施。各级政府在党的领导下，在法治轨道上工作，创新执法体系，完善执法程序，推进综合执法，严格执法责任，建立权责统一、权威高效的依法行政体制，加快建设职能科学、权责法定、执法严明、公开公正、廉洁高效、守法诚信的法治政府。③公正司法。公正是法治的生命线。司法公正对社会公正具有重要的引领作用。努力使人民群众在每一个司法案件中感受到公平正义。具体讲就是：一要确保司法机关依法独、立公正地行使审判权和检察权；二是要优先司法权的配置；三是坚持以事实为根据，以法律为准绳的审判方针，健全事实认定符合客观真相，办案结果符合实体公正，办案过程符合程序公正的法律制度。四是保障人民群众参与司法。依靠人民推进公正司法，通过公正司法维护人民利益。五是加强人权的司法保障。六是加强对司法活动的监督。④带头守法。党组织必须在法律的范围内活动，党员要做守法的模范。党领导人民制定法律，党必然领导人民遵守法律。⑤引导护法。党组织要坚持和完善司法监督体系：一是要加强国家监督；二是提高司法机关内部监督；三是健全监督体系，发挥党监督的特殊作用；四是严格司法责任制度；五是防止领导干部干预司法活动。

---

① 《中共中央关于全面推进依法治国若干重大问题的决定》，人民出版社 2014 年版，第 3~6 页。

至于依法执政的基本内容，概括起来，大致可以包括如下六个方面：第一，党及时向国家的各级权力机关提供权力机关、行政机关、审判机关、检察机关的各级领导人选，供权力机关审核，并选举或任命。第二，及时、正确地处理党同权力机关、行政机关、审判机关、检察机关的关系，从思想上、政治上和组织上加强党对国家机关的领导。第三，及时制定党的基本路线、方针和政策，提出和下达各个历史时期的历史任务。第四，及时听取各国家机关党组织的汇报，处理它们之间的矛盾与问题。把握全局，协调各方，带领全国人民全面建成小康社会。第五，促进国家机关转变职能，努力建设法治政府、有限政府、责任政府、服务政府和廉洁政府。第六，及时查处各类腐败分子，把公共权力关进制度的笼子里，使腐败分子不能腐、不敢腐和不要腐。依法执政的载体是中国共产党，其代表机构是中国共产党全国代表大会，闭会期间，其代表机构是中共中央政治局及其常委会。共产党员是被中共派出并受权力选举或任命为国家机关各级领导人，必须要执行党的路线、决议、方针和政策。如果不履行这一义务，有关党的领导机构可以撤销其职务，有违法犯罪行为者，将由司法机关追究其刑事责任。就是说领导干部要权利（力）义务一致，对法律负责，对国家人民负责。按十八届四中全会规定，凡担任国家机关领导干部者，都要对中华人民共和国宪法宣誓，要忠于国家、忠于宪法与法律，忠于职守、忠于人民！

总之，依法执政是全面依法治国的总方针，是现代文明的生动表现，也是现代国家的重要标志。我们必须"坚持依法治国、依法执政、依法行政共同推进，坚持治治国家、法治政府、法治社会一体建设，实现科学立法、严格执行、公正司法、全民守法，促进国家治理体系和治理能力现代化"。①

二、执法中时间对法律价值的实现方式

（一）健全的法律执行体系

法律的生命力在实施，而法律执行是法律实施的主要环节，因为法律的目的

---

① 《中共中央关于全面推进依法治国若干重大问题的决定》，人民出版社 2014 年版，第4 页。

和判决生效的条件都在于执行，法律执行直接关系到法律的效果。鉴于执行包括民事执行和刑罚执行两部分，因限于篇幅，本书重点谈刑罚执行。当然，民事判决的执行是多年来的一个难题，近年来，法院专门设立了执行局，专门负责执行问题。他们采取了一系列措施，使执行问题有所成效，除传统的扣押、冻结财产外，还依法采取各种行政措施和民事拘留，还采用了黑名单制度。2016 年 6 月底，中共中央全面深化改革领导小组又发布了《关于加快推进失控被执行人的信用监督、警示和惩戒机制建设的意见》，提出要建立跨部门协同监管和联合惩戒机制，加强信息公开与共享，提高执行查控能力，构建"一处失信，处处受限"的信用惩戒大格局，让失信者寸步难行。执行局执行人员要及时掌握情况，确保判决执行。

本书的重点是阐述刑罚的执行，凡被判处拘役特别是被判处有期徒刑、无期徒刑、死刑等的罪犯，一律在监狱或劳改机关执行，其中死刑经最高人民法院二审裁定并核准的，由公安机关在检察机关验明正身后予以执行。我国的监狱和劳改机关严格执行党和国家关于劳动改造罪犯的方针和政策，遵照《监狱法》的有关规定，本着教育人、改造人的宽广胸怀，对罪犯进行劳动改造，使他们在劳动中改造成为自食其力的公民。劳改机关，按照"在社会主义制度下，只要改恶从善都有自己的前途"的要求，实行"惩办与宽大相结合""思想教育与劳动改造"的政策，集中对罪犯实行劳动改造并按照"改造第一、生产第二"的原则，对罪犯的劳动改造表现进行评审并于每年冬训召开奖惩大会，依法依规对表现好的罪犯给予表扬、记功；对有重大立功表现的，通过法院给予减刑。这种宽严相结合的政策收效很好。特别是遇到特殊情况如 1959 年国庆十年，全国人大常委会对某些罪犯实行特赦。

我国的劳改政策充分体现了革命人道主义精神，它来源于毛泽东同志在《论人民民主专政》一书中的教导，"对于反动阶级和反动派的人们，在他们的政权被推翻以后，只要他们不造反，不破坏，不捣乱，也给土地、给工作，让他们活下去，让他们在劳动中改造自己，成为新人"。① 这种给出路的政策，还体现在生活的各个方面。当然，在劳改中还存有这样或那样的不足，这就要求我们应该

---

① 《毛泽东选集(第 4 卷)》，人民出版社 1991 年版，第 1476 页。

依据十八届三中、四中、五中全会的精神，按照全面依法治国的要求，开创劳改工作新局面，使中国特色社会主义法治体系教育人、改造人的工作取得重大的成绩。

(二) 加强科学的法学教育体系

在中国特色社会主义法学体系中，法学教育体系占有重要地位。"百年大计，教育第一"，法学教育是法治体系的基石，不管法治的哪个环节都离不开法学教育。在我国，法学是一个古老的学科，也是一门年轻的学问。说它古老是因为3000年前就有法学教育，春秋时期就有专门教法律的"私塾"，传授法学知识。法家先驱管仲就提出过"以法治国"思想，通过"变法"成就了齐桓公春秋第一霸业。秦代通过"商鞅变法"，厉行"以吏为师，以法为教"，由弱国变成强国，最后秦始皇横扫六国，建立了第一个中央集权的封建帝国。特别值得一提的是，秦王朝设立了"法博士"这样的职务，主管全国法学教育。汉承秦制，"法博士"之后又出现了"法学生"。唐宋更重视法学教育，专门在科举中，设立明法科，但不系统，因而法制观念历来不强。说它是一门年轻的学问，是因中华人民共和国成立后，废除了国民党六法全书，创建了以马克思主义法学为指导的法学教育系统，但后几经曲折，直至十三届三中全会以后，才得以恢复和发展，迎来了法学教育的春天。

我国现行法学教育系统大致有两大系统：一是国民教育法学教育体系，包括博士、硕士、本科和专科，据不完全统计，全国共有法学大专院校300余所。二是成人法学教育系统，包括我国省级以上的人民法院和人民检察院设立的法官学院、检察官学院，再加上司法行政机关创办的司法学校，加起来共有百余所，其中还包括自学考试机构。

法学教育的核心问题是坚持和突出马克思主义法学的指导思想地位。在法学教育中贯穿这个原则是有优势的。因为马克思主义经典作家马克思、列宁本来就是法科出身，并且是法学世家。他们不仅著有法学专著，而且有大量的法学专论和一定的法制实践，如马克思的处女作《黑格尔法哲学批判》、列宁的《论国家》《国家与革命》等著作与专论。马克思主义中国化、时代化、大众化更是取得了重大成果，如果毛泽东同志的《商鞅徙木立信论》和他在早年起草的联省自治宪法等大量法学专论；中华人民共和国成立后，毛泽东同志发表了《论人民民主专政》，主持制定了 1954 年宪法等大量法学论著。邓小平提出了关于"法治与人治的谈话"，关于"没有民主就没有社会主义"，关于"一手抓改革，一手抓法制""关于在全体人民中树立法制观念"等著名观点。江泽民与胡锦涛同志主持工作期间，把依法治国写进了党章和宪法并领导了依法治国的伟大实践。党的十八大以来，以习近平同志为核心的党中央，提出了一系列依法治国的新理念、新理论、新思想，把依法治国推向了全面发展的新阶段；开启了全面依法治国的新实践，形成了中国特色社会主义法治理论，直接指导了法学教材的编写。

习近平反复强调，在坚持马克思主义法学指导地位时，要合理借鉴中国古代和西方的法学思想，取其精华，弃其糟粕，并与中国当今实践和时代结合起来，他说："只有聆听时代的声音，回应时代的呼唤，认真解决重大而紧迫的问题，才能真正把握历史和脉络，找到发展规律，推动理论创新。"[①]历史表明：从原始社会末期法律的起源到 19 世纪中期，中国古代法学与法律独立发展，形成具有独特民族风格的法律体系：中国法系。它作为土生土长的法律体系，符合中国国情与民情，为中华民族的绵延、发展和繁荣作出重大贡献。但由于受到文明发展阶段的局限，特别是受到阶级的局限和政治的偏见，其中必然有不少糟粕，我们应该取其精华，弃其糟粕。事实上，我们在依法治国的征途上，合理借鉴了不少中国古代法学思想与法律制度，如"依法治国"这个重要理念与方略，"以人为本"的重要思想与旗帜便来源于法家先驱管仲的理论："以法治国"与"以人为本"。还有法家其他重要人物，如商鞅、韩非等，他们关于"法先王""刑无等级""法不阿贵""刑不避大夫"，特别是"以法为本，法、术、势相结合"等思想，都有合理借鉴的价值。

在全面依法治国的今天，合理借鉴西方法学思想，是必须解决的现实问题。我们认识到：人类法治文明的辉煌成就，不仅包括中华法学的贡献，也包括西方法学的贡献。西方法学源远流长，纵贯数千年历史，荟萃欧美各国的鸿篇巨制，尽管其中夹有不少糟粕，但仍不失其在法学思想史上的重要地位，尤其在法治的实施与探索上，仍是我国在全面依法治国中合理借鉴的重要资料，今天的法治文

---

① 习近平：《在哲学社会科学工作座谈会上的讲话》，人民出版社 2016 年版，第 14 页。

明必须在昨天的根基上发芽、开花和结果。人类法治文明是有历史联系的，不可能中断和中止，法治文明必将延续，只是因历史变化而有所更替，必将在新的环境中得到更大发展。总之，要坚持"古为今用""洋为中用"原则，合理借鉴中国古代与西方的法学思想，以马克思主义为指导，全面推进依法治国。

(三) 完善国家赔偿制度

国家赔偿是有边界的。根据《中华人民共和国国家赔偿法(2012年修正)》，国家赔偿是指"国家机关和国家机关工作人员行使职权时如果有侵犯公民、法人和其他组织合法权益的情形，并造成损害的，受害人有依照本法取得国家赔偿的权利"[1]。国家赔偿制度也必须与时代特征相适应。目前我国国家赔偿的主要方式为支付赔偿金，显然赔偿金只能起到物质赔偿的作用，对于受害者的精神赔偿也应该引起相应的重视，如何能够较全面地恢复损害，而不是仅靠支付赔偿金了事，是目前国家赔偿制度有待完善的地方。今后我国可以摸索更多的精神赔偿模式。国家赔偿有四种主要的赔偿类型，一是对于侵犯公民人身自由的一般性赔偿，每日赔偿金以国家上年度职工日平均工资计算。二是对于侵犯公民生命健康权的特殊性赔偿，认定的范围更复杂，一般以不超过国家上年度职工年平均工资的20倍为限。三是致人精神损害的，应当在侵权行为影响的范围内，为受害人消除影响、恢复名誉、赔礼道歉；造成严重后果的，应当支付相应的精神损害抚慰金。四是侵犯公民、法人和其他组织的财产权造成损害的，依法给予赔偿。另外，"请求国家赔偿也是有时间期限的，时效为两年，自其知道或者应当知道国家机关及其工作人员行使职权时的行为侵犯其人身权、财产权之日起计算，但被羁押等限制人身自由期间除外。赔偿请求人在赔偿请求时效的最后六个月内，因不可抗力或者其他障碍不能行使请求权的，时效中止。从中止时效的原因消除之日起，赔偿请求时效期间继续计算"。因而赔偿金认定的标准决定着结果的正义性。具体国家赔偿中的赔偿标准的设置就与时间有着紧密的联系，无论是对发生时间的认定，还是纠错时长的确认都直接关系着最后获得的赔偿金额，进而直接影响当事人的公平正义感。国家赔偿中对相关时间的科学确认和认定过程就是时

---

[1] 参见《中华人民共和国国家赔偿法(2012年修正)》，总则第二条。

间执法正义的实现过程。而国家赔偿中涉及的时间又包括三种类型，一是执法时间，就是国家赔偿行为的执行时间；二是赔偿金涉及的计算时间；三是获得赔偿的时效规定。在执法过程中，应该严格按照法定的时间认定标准去确认相关时间，对时间的理性认识过程就是时间执法正义的体现。

(四)完善行政救助制度

行政救助制度本身就是伴随法治建设的步伐而形成和发展的，其具有鲜明的时代特征。我国的执法机关包括行政执法机关和公安执法机关。现行的行政执法机关的法规有四个：一是《国务院办公厅关于印发推行行政执法公示制度执法全过程记录制度重大执法决定法制审核制度试点工作方案的通知》，2017年1月19日发布并实施；二是《国务院办公厅关于推行行政执法责任制的若干意见》，2005年7月9日发布并实施；三是《国务院办公厅转发中央编办关于清理整顿行政执法队伍实行综合行政执法试点工作意见的通知》2002年10月11日发布并实施；四是《行政执法机关移送涉嫌犯罪案件的规定》2001年7月9日发布并实施。而公安执法的依据则是《公安机关办理刑事案件程序规定(2012年修订)》。随着社会经济的发展和服务行政的兴起，以国家和政府为责任主体的行政救助制度已成为现代国家保障公民权利、实现社会正义的一项重要法律机制。对此，行政法应当积极回应现实的需要，拓展传统行政救助的内涵，进一步完善行政救助立法体系以及相关配套制度的建设，建立城乡一体化的救助体制。

"行政救助又称'行政给付'或'行政物质帮助'，是指行政机关对公民在年老、疾病或丧失劳动能力等情况下或其他特殊情况下，依照有关法律、法规规定，赋予其一定的物质权益或与物质有关的权益的具体行政行为。"[①]行政救助的理论根据有两方面：一是公民的生存权是获得行政救助的权利来源；具体分析了生存权的产生、内涵、法律性质，我国公民尤其是弱势群体的生存现状和公民生存权的实现三方面的问题。二是行政给付义务是行政机关行政救助的根据。具体从行政给付时代产生的历史必然，行政救助是行政给付的重要形式和行政给付时

---

① 参见罗豪才：《行政法学》，北京大学出版社2000年版，第209页；姜明安：《行政法与行政诉讼法》，北京大学出版社、高等教育出版社2005年版，第271页。

代的行政救助性质——义务性三方面来论述。三是行政救助不作为的救济，行政救助不作为的救济方式主要是行政复议或诉讼，本书以诉讼方式为主介绍了行政救助不作为的构成，并借鉴了一些典型国家的行政不作为诉讼制度，提出我国的行政救助不作为应采用课以义务诉讼模式，并以行政救助的特殊性和方便弱势群体实现行政救助权为由提出了一些特殊的行政救助不作为诉讼的制度安排，如诉讼费用的减、缓、免，借鉴民事诉讼的先予执行程序和适用简易程序审理方式。① 无论是行政行为的事前、事中、事后，都必须有法律控制手段；在赋予权力的同时，就必须准备好事前、事中和事后可行而有效的法律监控措施，并使之规范化、法律化。其中包括程序的规范，也包括实体的规范。

"有权利必有救济"行政救助的方式也应该体现时间的价值要求。首先，价值导向的变化。应从传统行政救助单纯追求行政的秩序、公益、效率等价值，转向偏重对行政救助的权利、公平、正义等价值的追求上。其次，行政方式也应该与时俱进。行政救助从传统体制偏重于命令与管理，转变以执法与服务为主。再次，行政权力方式的变化。行政权力的重心转移到放权、分权、减权、限权和还权，摒弃传统以集权、专权甚至极权为特征的行政权力方式。最后，行政范式上也走向更加科学和民主的公共行政，淘汰了传统机制中的由国家行政主导的拓展。

从行政救助的特征分析，我国现有的行政救济途径只有行政复议、行政诉讼、信访和行政仲裁。其中行政复议和行政诉讼是我国行政救济制度的主体，行政仲裁和信访是我国行政救济制度的有益补充。具体而言，就是通过修改现行《行政复议法》和《行政诉讼法》，从而降低行政法律救济的门槛，进而促进法律纠纷有效的和公正的解决；修改《国家赔偿法》，通过扩大赔偿范围和提高赔偿标准，从而相对更好地平复受害人及其家人的愤恨和不公的情绪。另外行政侵权中的侵权责任也要进行界分，追究到相关当事人，让受害者感受到自己的权利得到重视和尊重(除了经济赔偿外，对受害人恢复名誉和道歉等精神补偿也十分重要)。

---

① 王喜萍：《行政救助权实现问题分析》，中国政法大学 2007 年硕士论文。

（五）完善行政程序机制

按照行政程序适用的时间顺序不同，行政程序分为事先行政程序与事后行政程序。事先行政程序是指行政行为实施前或实施过程中应遵循的程序。如行政立法之前举行的听证程序，正式制定行政规章前的通告程序，行政决定产生之前进行的行政检查、调查程序。事后行政程序是指行政行为实施后，为确定该行政行为的合法性与适当性以及纠正违法、不当行为而适用的程序，如行政复议程序。

每一个实际存在的行政行为，都呈现为一种时间上的持续过程，都包含若干的程序环节和发展阶段，因此都具有过程性。行政给付行为程序化是行程过程性的必然反映，是行政过程性运用到行政给付行为的必然要求。以往行政法学主要从静态分析的角度研究行政行为及其控制，忽视了行政行为的过程性和动态性，因而也就自然不会重视以动态的视角对行政行为进行监督。从 20 世纪中后期开始，始于英美的行政过程性理论开始在日本、中国等国家受到重视。界定和研究行政过程性主要有两个角度，即宏观角度与微观角度。从宏观角度说，它是指国家行政机关实施行政管理的一般途径，通常包括计划决策、组织执行、控制监督、信息反馈等具体环节。也有学者认为，广义的行政过程是指行政主体或公权力主体在行政权力的配置、实施与受监督中与其他主体之间所产生的相互作用、相互影响在时间和空间上的各种表现形式和状态。在行政实务中，行政行为的实际运行，更具有一种时间上、法律上的关联性，形成一个复杂而又完整的行政行为流程系统。

宏观上研究行政过程性有利于科学配置权利权力和权利义务，科学地设置监督机制，提高行政效率。从微观上说，行政行为不是一个个单一、孤立、静止的行为，而是一系列不断运动、相互关联具有承接性的过程，这些过程又构成一个个多层次的、极复杂的系统。在此基础上，行政过程性就是确认行政行为的过程性，注重研究特定行政行为与数个相关行政行为过程性的内在规律与规则，构建各类或者各个不同行政行为过程与系统的框架，运用过程性理论动态地研究行政行为。

第四节　司法中时间对法律价值的实现

司法是正义实现的最后一道防线，司法在整个法律运行过程中起着关键作用，没有司法正义就没有法律正义，也无法体现法律权威。而司法正义的具体表现为公正司法，而公正司法是落实立法正义和执法正义的最后一步，"所谓公正司法，就是受到侵害的权利一定会得到保护和救济，违法犯罪活动一定会受到制裁和惩罚"。① 时间的司法正义指的是司法主体通过恪守程序所要求的时限原则达致正义的状态。"司法是正义的守护神，对司法绩效的评价只能以正义为标准，或者正义为先，一旦义利倒置或者以利灭义，司法就会迷失自我，变异为功利的机器。"②司法正义的延迟会给当事人和家庭带来惨痛的代价，进而破坏了司法权威，也不利于法治社会的构建。弗兰西斯·培根说过，"一次不公的判断比多次不平的举动为祸尤烈"③。可见，对个体而言非正义的审判带给人的伤害是最大的。法谚"迟到的正义非正义"，"正义不会缺席，只会迟到"，不断地提醒着我们在追求司法正义的道路上，对正义的到来一定要保有坚定的信念，同时必须将时间纳入正义实现程度的考量，正义一旦迟到从某种意义上说已经失去了正义的价值。因此，可以从以下几个方面入手实现时间在司法的法律价值：

一、改革司法体制：与时俱进

改革开放四十多年来，中国经济、社会和文化获得了高速的发展，但发展中确实也出现了不少问题，比如粗放型经济带来的环境问题，经济发展过快和社会文化发展相对滞后的不协调问题，等等。因此，为了保持长期可持续的发展目标，当前我国的经济、社会和文化建设已经进入了转型发展的关键时期，而与之相对的司法体制必然也要作出对应的调整和改革，从而彰显其鲜明的时代性和现代性，进而推进时间的正义价值的实现。调整过于刚性的计划性改革模式，增加

---

① 《习近平关于全面依法治国论述摘编》，中央文献出版社 2015 年版，第 67 页。
② 徐显明：《司法改革二十题》，载《法学》1999 年第 9 期。
③ 培根：《培根论说文集》，水天同译，商务印书馆 1983 年版，第 193 页。

改革的时间弹性。当前我国司法体制改革最艰巨的任务和最关键的环节就是保障司法独立，这既是司法改革的要求，更是正义的现代性体现。"司法独立是现代宪政的基础，也是确立司法正义的基石。"①因此，可以说司法体制改革的关键，实质上就是要摒弃司法与行政合一的传统司法模式。将司法独立于行政管理之外，主要的路径有：

第一，关于审判机构和审判权问题。审判机构独立于行政区划的设置。审判机构的人、财和物都有单独的管理序列，不受行政机关支配。如果审判机关的人、财、物都受制于人，审判的独立无从谈起。因此，可以说独立的审判机构设置，可以有效防止审判权力的工具化倾向，进而避免审判权受到法律之外的权力与权威的影响。审判权是一种自足性的权力，其权源有且只能是法律，如果审判权受制于法律之外的权力与权威等其他因素而行使，审判权就会沦为权力的奴隶、工具。在合理的时间内接受审判是国际人权法确立的一项重要人权。在人权分类中属请求权，权利主体有权要求司法机关在法定的时间内、以法定的方式、公正的程序对纠纷作出裁决。

第二，法官年龄的时间规定和考核问题。法官作为行使特定职权的法律关系主体，必须具备特定的权利能力和行为能力。《法官法》中对法官的权利能力规定较具体：具有中华人民共和国国籍、年满 23 周岁及专科学历等要求，而对行为能力的规定却比较笼统。法官的晋升体系进入专业化人才管理序列，而不是直接对应于行政级别所确认的法官位阶体制。对法官的考核也与时俱进，更加科学化和理性化，而不是局限于量化性的功利指标。摒弃机械的计件式考核和目标式考核。法官的工作业绩体现在致力于实现每个案件的公平、正义的结果的司法过程中，这种价值追求是无法量化的。

第三，厘清党与司法的关系问题。法治国家的核心内容就是依法治国，而我国的国情决定了党在国家和社会生活中的领导地位。但党的领导地位并不一定通过直接干预才能达到，实际上随着国家治理现代化的发展，党的领导更多地体现为一种间接的宏观领导，即"党对司法的领导必须由指挥式的领导转化为法律的领导，由直接的领导转化为间接的领导。展言之，党对司法的领导须通过将其司

---

① 王立峰：《法律正义：和谐社会的制度基石》，载《学习与探索》2010 年第 4 期。

法政策上升为法律来实现，须通过在司法程序启动之前对法官的任命建议和司法程序终结后对法官的监督来实现"。①

二、完善司法程序：突出效率

在完善司法程序过程中，可有效矫正时间带来的非正义现象，其主要途径有：

第一，完善司法程序，特别是司法实践程序，是保障结果正义的前提，进而对于维护司法权威具有积极的作用。我国是历史文明古国，法律文化遗产丰富。虽然现代中国是以大陆法系为主要特征的社会主义法治国家，大陆法系一方面继承了罗马法成文法典的传统，另一方面沿袭了罗马法的法律体系、概念甚至模式。例如《法国民法典》就是将《法学阶梯》视为模板，而《德国民法典》则以《学说汇纂》为蓝本。实际上，我国已经初步完成了法律部门、法律体系的建设，但对于司法程序的建构还是需要时间来完成的。而需要时间的长短也是与我国的法学演进史密切相关的。中国法学的历史是一部长期遭受封建主义的哲学、伦理学和政治学侵袭的历史，因此，在这样的发展历史背景下，中国的法学必然受到法律文化传统的影响和法学历史的局限。我国在春秋战国时期就有了专门的法学著作，例如儒家经典《尚书》，里面就有"明德慎罚"的法律思想，随后也成为儒家"德主刑辅"法律思想的渊源。汉代又出现了根据儒学法律思想对以律为主的成文法进行注释的"注释法学"，或者简称为"律学"。1840 年鸦片战争后，伴随西方资产阶级法学的输入，同时国内的爱国人士也呼吁变法图强，进而促进了清末和民国初期的法律思想改革。直到新民主主义革命的胜利，中国才结束了两千多年的封建法学和国民党的半殖民地半封建的法学。因此，我国的法律体系是在半殖民地半封建的法学基础上构建的中国特色社会主义法律体系。这种法律体系具有先天发育不足的特点，没有经过资本主义法律发展阶段的时间历练。故而，我国的法律体系表现为一种兼具法律继承、移植和构建为一体的独特模式。

第二，在法律形式上，我国是典型的大陆法系国家，有较完整的成文法体系，不存在判例法，但有最高人民法院发布的指导性案例。我国的司法现状是轻

---

① 徐显明：《司法改革二十题》，载《法学》1999 年第 9 期。

审判，就连曾引起举世关注的陈希同案、陈良宇案以及薄谷开来案，法院的庭审活动也都没有超过一天的时间。与法庭审理的快速进行相伴而生的必然是法庭上证据调查和法庭辩论的简单粗糙。中国法庭审理的简便快捷是以法庭审理"流于形式"为代价换来的。刑事审判还存在着久拖不决、效率低下的问题。这主要发生在两个程序相互衔接的场合，尤其是在侦查与审查起诉、起诉与一审、一审与二审、二审与死刑复核等程序衔接环节上，就经常出现"程序倒流"的现象。所谓"程序倒流"，又称为"程序逆向运转"，是指本来应当一直向前进展的刑事诉讼程序，却由于案件不符合启动下一个诉讼程序的条件，一国家专责机关将案件退回到前一机关重新处理的程序现象。例如，检察机关在审查起诉中发现案件尚未达到提起公诉的条件，或者为了使侦查机关获得更宽裕的办案期限，反复将案件退回补充侦查。过去，无论是检察机关退回补充侦查，一审法院谁许撤回起诉，还是上级法院撤销原判、发回重新审判，都没有时间和次数的限制。结果，这种实践中司空见惯的"程序倒流"现象，造成不少案件在数月、数年甚至十几年的时间里，一直处于"案卷的来回流转过程"之中，法院迟迟不作出最终的裁决。因此，每当发生"程序倒流"的现象时，嫌疑人、被告人所受到的未决羁押期限，实际就随着办案期限的延长而自动地无限期延长。这显然是造成"超期羁押"的重要制度原因。我国《刑事诉讼法》也经过两次大规模修订，对于退回补充侦查和撤销原判、发回重审的次数作出了明显的限制。比如说，1996年修订的《刑事诉讼法》已经将检察机关退回补充侦查的次数作了严格的限制，限定为两次，且每次补充侦查的时间也限定为一个月；2012年修订的《刑事诉讼法》中对重审次数作了更严格的规制，将二审法院以"事实不清、证据不足"为由发回重新审判的次数限定为一次，遇有当事人再次上诉或检察机关再次抗诉的案件，法院认为仍然达不到定罪标准的，就只能改判。2020年修订的《刑事诉讼法》对重审的限制条件进行了更进一步的明确和细分。实际上刑事案件拖延问题似乎仍然广受诟病。中国法院的特色在于无限地压缩法庭审理的时间，对于庭前、庭外和庭后的时间却没有引起足够的重视。当然，偶遇那种案情特别复杂的案件，与这种"简便快捷"的法庭审理过程形成鲜明对比的是，中国刑事审判还存在着久拖不决、效率低下的问题。难道诉讼程序的效率低下所带来的仅仅是诉讼成本的增加和诉讼收益的减少吗？这种正义的迟到现象所损害的是司法裁判的及时性。这种司法裁判的及时性一般有两个看似矛盾的要求：一是裁判的形成不得过于迟缓，二是司法程序的运作不得过于急速。换言之，及时性讲求的是一种典型的"中庸之道"，是在过于迟缓和过于急速之间确定的一种中间状态。在司法裁判过程中，过慢和过快构成了与程序正义直接背离的两种极端。

第三，基于司法判决延迟具有严重的后果，因此需要时间来规制。一般来说，裁判结论形成得过于迟缓会导致结案周期的任意延长，与案件有关的证据可能大量地流失，了解案情的证人可能出现记忆的模糊或者丧失，甚至死亡。这种迟到的裁判所造成的非正义对于不同的被告人、被害人所带来的影响可能会有所不同。不过，被告人、被害人往往对此都较敏感。这种非正义感经常使被告人、被害人以及其他与案件结果有着直接利害关系的人，产生一种受歧视甚至被抛弃的感觉，对当事人而言都是一种再次的伤害。西方犯罪学界的"第二次伤害"（the second harm）理论，说的就是被害人因为在司法程序中受到忽视和怠慢而产生了被伤害、不公正的感觉，而在整个司法过程中加害者可能是警察、检察官或者法官。而这些人都是代表着国家行使司法权，对于被害人而言，这些人背后代表的公权力的权威性也会因为这种"第二次伤害"遭到破坏，甚至坍塌。事实真相随着时间的流逝而变得越来越难以查明，判决结果出现错误的概率在增加。可见裁判过程的迟缓和低效率所带来的很可能不是公正的裁判结论。归根结底，司法裁判活动不应过于迟缓，否则，"迟来的正义非正义"；裁判也不应过于急速，否则，急速而来的正义会走向正义的反面。裁判过程无论是过于迟缓还是过于急速，所造成的都是程序上的非正义。

第四，司法程序要求时间性。其要求"促使审判和调查公正地进行，逮捕和搜查适当地采用，法律援助顺利地取得，以及消除不必要的延误，等等"，其中"消除不必要的延误"直接将时间的重要性摆在了司法正义实现的必要条件上来。司法正义还包括程序自律原则和司法对非正义事由的自我恢复原则。实现司法公正的基本途径有，"依司法权的性质设计司法程序；使司法走向中立与独立；建立对司法权只监督不指挥与命令的体制；实现司法一元化等"。[①] 时间程序是司法程序中的重要性内容，应该要与社会经济、文化生活相适应。比如公安机关工

---

① 徐显明：《何谓公正司法》，载《文史哲》1999 年第 6 期。

作人员在对当事人执行拘传、拘留、羁押行为时，都有明确的时间规定，而且都以小时计算，从而让执法行为更加规范化和明确化。这些都是从当事人切身利益出发，切实保护公民人权的体现。

第五，坚持司法的终局性原则，确定终审制度。司法裁判的"定纷止争"的目的决定了司法必须坚持终局性原则，进而维持社会的安定和稳定，树立司法权威，达致司法正义。相反，司法判决如果充溢着不确定性、随意性，甚至可以"朝令夕改"，没有严格规定司法裁判程序的最终结束时间，那司法裁判就会陷入一种恶性循环，争端将长期得不到终局性解决，国家建立司法裁判制度的意义也就丧失殆尽。当事人和司法机关人员都会被诉讼所累，进而极可能出现惧讼、惜讼、厌讼的心理，这对法治建设而言将是一种倒退。相反，被告人及其法定代理人、辩护人通过申诉所引发的再审，几乎会是为追求无罪或者罪轻判决而提起的再审，也就是有利于被告人的再审。这充分显示出，当一名公民成为"犯罪嫌疑人""被告人"时，法院一旦对其作出了生效的有罪判决，那么，他所面临的将不仅是"双重危险"，而经常是多重危险。

第六，明确司法的时限制度，防止司法拖延。在当代大陆法系国家的刑事诉讼制度中，"一事不再理"是一项极重要的诉讼原则。根据这一原则，刑事追诉机构和司法裁判机构，对于任一业已经过生效裁判的案件，一般不再重新启动追诉或裁判程序。为此，对生效裁判的再审一般被视为一种例外，要在申请主体、申请理由、申请时效等方面受到极严格的限制。在大陆法系国家的学者看来，一事不再理原则的贯彻可以维护法的安定性，防止因为再审的随意开启而破坏法律实施的稳定性和安全性。

最后，英美法一般不存在抽象意义上的"一事不再理原则"，而是极严格地限制对同一被告人的同一行为的双重性追诉。英美法确立了"禁止双重追诉"或"免受双重危险"的原则，并将"任何人不因同一行为而受到两次以上的追诉危险"视为一项宪法权利。这一原则既对国家刑事追诉权构成一种限制，又使那些处于被追诉地位的个人受到一种特殊的保护。具体而言，国家的刑罚权必须被限制在一定范围之内，而不能无限扩张和不受节制；对个人的刑事追诉一旦进行完毕，不论裁决结论如何，都不能使其重新陷入追诉的境地，否则个人就会因同一行为反复承受国家的追诉或审判。司法拖延包括侦察拖延、立案拖延、律师拖延、法官拖延等，是违反司法程序的行为。司法拖延的行为实质上是对时间的蔑视。狄更斯在其作品中描述了律师的拖延如何使人耗尽金钱、耐心、勇气和希望。[①] 规制诉讼延迟，让诉讼过程法治化。笔者以为，司法时效制度已经有了法律制度的支撑，现在症结的关键在于如何去填补其中的漏洞或空缺部分，让司法的过程的时间性和时限性进入程序化、常态化和规范化。当下，我们在学习西方诉讼时效制度经验的过程中，不能盲目地移植，但更不可故步自封。应该是在分析西方诉讼时效制度利弊的基础上，结合我国诉讼现实的问题，进行选择性的移植，创新性地吸纳，而不是武断地全盘否定我国的司法制度，而不加选择地照搬照抄西方模式，从而建立具有理论基础又兼具本国特色的"中国经验"。

三、建设专业化司法队伍：高效权威

德国法学家埃利希较早就认识到了法官素质的重要性，"除了法官的人格外，没有其他东西可以保证实现正义"[②]。虽然这句话的表述太绝对，但是无法否认的事实是法官素质的确是保证司法正义的基本前提。"法律的价值在于法律的适用"，时间司法正义实现的前提是有一支专业化的司法人员支撑，其拥有较强职业素质和较高道德水平。所谓业务素质，是指司法人员掌握和运用法律与政策的能力与经验。职业道德素质是司法人员作为一个职业群体所应具备的道德素质，集中表现为司法人员的品行，大体可概括为：刚正不阿、公正无私、遵纪守法、清正廉洁。司法人员的专业素质是法律的正义本质和运用法律维护正义的技术要求，而道德素质是作为技术的法律正当运作的保证。我们很难想象一个法律关系都弄不清楚的法官能对案件作出正确的判决，这正如我们不能寄希望于一个没有医学知识的人能将病人治好一样，我们也没有理由相信业务素质低下的法官能够实现公正。由于法律不可避免地会赋予司法人员一定的自由裁量权，案件能否得到公正合理的处理，很大程度上取决于司法人员行使自由裁量权时的道德操守。因此，良好的业务素质和道德水平是司法人员素质的必然要求，缺一不可。人的

---

① 参见《哈姆雷特》第3幕第1场。

② 转引自[美]本杰明·卡多佐：《司法过程的性质》，苏力译，商务印书馆2000年版，第6页。

行为是受自身意识的支配的，故而基于司法人员所担负的职业和个体双重社会角色，其司法意识也兼具职务特征和个体特征。① 司法人员的专业化建设应体现时代性，目前采纳的法律职业资格考试就应该在司法人员中全面落实，设置最低门槛，去除非专业的社会治理功能，着重在专业的司法和执法层面。切实地从过去单纯减少司法行政人员数量的去"行政化"转为实质意义上的去"行政化"职能，进而将法院和检察院专业人员从政法机关的双重身份中转化为专业性的司法人员身份上来。

第五节　法律中时间的设置原则

法律中的时间呈现类型多样、数量庞杂的特征，而关于法律中的时间的规定总会给人一种机械的数字化印象。除了刑法中无期徒刑和有期徒刑让人有较直观的刑期长短与罪行的恶劣程度紧密相关之感外，民法、行政法和诉讼法中的大部分时间给人以随意、强制的感觉，对于时间设置的背景、缘由等并没有具体的说明和阐释。随着法律科学的发展，人们对法律背后的逻辑的求知欲越来越强，法律中的时间设置的原则应该走向更加科学化和民主化。现代法律中数字与时间双向互动：时间成为现代法律内涵的重要载体之一，拉近了数字与法律的关系；数字则是时间在法律规范中的表达方式，体现了法律中时间表达的精确性，"二者既推动了法的现代性演进，也是法律现代化的显著标志"。② 法律中的时间体现在法律运行的整个过程中，而法律中时间的设置主要表现在立法阶段。因此，此处论及的法律中时间的设置原则主要指的是立法阶段应坚持的原则。

一、坚持公平正义、兼顾效率原则

法律是以权利和义务为主要内容的规章制度。法律的主要功能就是惩恶扬善，维护社会正义，而法律中的时间规制当然也以实现法律目标为最终目的。法

①　参见付子堂：《法律功能论》，中国政法大学出版社 1999 年版，第 272 页。
②　高一飞：《时间的"形而下"之维：论现代法律中的时间要素》，载《交大法学》2021 年第 3 期，第 53 页。

律中的时间要充分发挥公平正义的原则，既要体现时间对权利的保障，同时也要兼顾实现权利的效率。也就是说，要通过时间来平衡好公共权利和私人权利，同时要控制公权力进而更好地实现个人权利。强调在时间设定中兼顾效率原则的实质是与经济分析法学所坚持的将效益作为法律的基本价值目标和评价标准相契合，"法律制度中的许多原则和制度最好被理解和解释为促进资源有效率配置的努力"①。当然不可否认的是，在公平与效率发生冲突的时候，应该坚持公平优先原则。比如，现在争议颇多的城市为了缓解交通压力而采取行政干预，采取了汽车的单双号限行措施，其出发点是基于保障公共通行权，而采取了通过限制个人的出行时间来保障更多人的出行权利，进而维护公共出行权利和通行速度，这就是一种坚持公平正义、兼顾效率原则下的权宜之策。

二、遵循人权优先原则

现代法治最鲜明的特征之一就是以保护、发展基本人权为核心，以反映人类共性的社会基本伦理为基础。因此，在设置法律中的时间时坚持人权优先原则，既是现代法治的体现，又是时间的人本价值之体现。时间具有稀缺性和不可复制性，所以也可以将其视为一种资源。人们如何去利用时间和设置时间既是一种个人权利，也体现为一种社会价值观。诺贝尔经济学奖获得者贝克尔的《人类行为的经济分析》中就说明了时间资源配置的问题。法律中的时间规定为行为者事先安排和配置了时间资源，所以制定法律中的时间必然要遵循一些必要的原则，以保证法律的时间不是抽象、不可捉摸的，也不是拖沓冗长的低效率之作。时间与人类发展的有机联系早已被马克思觉察，他曾非常中肯地指出："时间实际上是人的积极存在，它不仅是人的生命的尺度，而且是人的发展空间。"②时间本身是一个常量，一方面，人们在时间的舞台上表演着自己的节目。另一方面，时间又让表演者的节目更加精彩，进而更好地展示其自身的魅力。因此，应该更合理地安排这种时间。因为从这个层面上讲，法律是人们生产生活中必要的规则，其中

---

① [美]波斯纳：《法律的经济分析》，蒋兆康、林毅夫译，中国大百科全书出版社 1997年版，第 15 页。

② 《马克思恩格斯全集》(第 47 卷)，人民出版社 1972 年版，第 532 页。

的时间规定更要体现人的价值和意义。通过赋予人更大的能动性，进而适应改造世界的时间要求，从而给予人在社会生活中所能感受到的自由与幸福。因此，可以说对时间的专注与包容是法学通往人类终极幸福的方向。

三、坚持科学合理原则

正如法律应当从实际出发，科学合理地规定公民、法人和其他组织的权利义务、国家机关的权力与责任一样，法律中的时间应当坚持科学合理的原则，其具体表现为：一是时间要体现理性化。法律本身是人类理性化的产物，理性化是法律的基础性和根本性要素，是科学性原则的具体体现。时间是法律理性化的要求，也是法律实现理性化的方式之一。二是时间要体现合理化。法律中的时间既要科学、合理地规定公民、法人和其他组织的权利与义务，做到权利与义务相统一，又要科学、合理地规定国家机关的权力与责任，做到权力与责任相一致。进而才能提高法律、法规、规章的质量和效能，并有效地发挥法律的功能。三是时间要做到主观与客观的统一。即在法治建设中的时间设置要坚持从实际出发与注重理论指导相结合，客观条件与主观条件相结合，原则性与灵活性相结合，稳定性、连续性与适时变动性相结合，总结借鉴与科学预见相结合，中国特色与国际大势相结合。四是时间设置应当做到明确性与稳定性的统一。时间的规制应该肯定、明确而不能含混或模棱两可。这就要求与时间相关的概念应当清楚，规则表达应清晰，语言无歧义，规范的逻辑关系应严密。如果明确性原则能够切实得以遵循，那么对于法律规定的诸多困惑必将减少。法律中的时间应在变化中保持一定程度的稳定性。这就要求立法者在立法时要充分了解社会需求，掌握时代变化，从而制定出与社会情势相适应的、有较高技术水平的法律。

总之，通过对法律中时间要素的科学设计和合理设置，能够帮助克服和防止法律行为可能存在的随意性和随机性，使其能够按统一的模式和标准在时间上得以延续，通过时间上的秩序连贯和衔接，从而引导行为走向规范化，产生效益价值，并通过规范化的程序要求将正义价值体现出来，进而尽可能地减少或遏制"迟到的正义"的出现。

结　语

法谚"正义不会缺席，只会迟到"提醒着人们，正义如同真理一样是一种坚定的信仰。而"迟到的正义非正义"则不断地警醒着世人，"迟到的正义"将无法完整地实现正义目标。本书从对"迟到的正义"的反思入手，探讨其背后的法理层面问题，即法律与时间的关系，进而致力于通过法律中时间的设置来实现法律的价值。

季卫东教授在其《为中国法理辩论提供两个分析框架》一文中提道，"对'中国法学向何处去'的回答就是今后怎样去填充哪个价值的空洞。由于社会结构以及世界观日益多样化，重新确立统摄整体的价值核心几乎是不可能，所以我一直主张用程序本位论来填充空洞，把新的公共性建立在程序正义的基础上，通过程序上的合意逐步积累实质上的共识"。① 从以上论述可以看出，法学研究的价值空洞症结是一个决定中国法学走向的关键问题，而突围的路径之一就是以程序正义为核心的法学价值研究路径。而程序正义的核心内容之一就是时间问题。程序本身就包含着对时间的诉求和要求。目前，中国政治经济社会正处于转型升级的关键时期，社会科学研究也面临着转型，法学研究概莫能外。而法律与时间问题无疑是与之相适应的一种尝试，对于法学研究而言无疑是意义重大的。诚然任何一种转型都可能会夹带着对传统、习惯或观念的冲撞，而路就在我们脚下。全球化、文化多元和高科技的齐头推进和发展必然会为这种转型阵痛带来新的生命。笔者希望本书可以算是对当前法学价值研究的一种回应：在法学研究中，法律需

① 季卫东：《为中国法理辩论提供两个分析框架》，载《正义思考的轨迹》，法律出版社2007年版，第60页。

要时间，时间在法律运行过程通过发挥其作用促进法律价值的实现，法律与时间问题的研究恰逢其时。

时间是重要的程序性要素，同时时间对于法律价值的实现具有重要的作用。将时间放在法学视域下的研究正是对上述我国目前法学研究需要用程序正义去填补法学研究的价值空洞的回应。包括绪论部分，全书一共有五章内容，本书的研究基础是对时间、法律中时间的相关理论的厘清，同时着眼于当代中国法治建设的伟大实践，通过系统地研究时间的法律作用以及时间与法律价值的关系，突出时间在法哲学研究视域下的独立价值。最后，分析了基于时间的法律价值的实现问题，回应导言中的三个预设。全书通过对概念的澄清，对价值的评判，对实现方式的探索，将对"迟到的正义"的反思聚焦到法律中的时间，进而研究法律与时间的关系问题，这也是笔者认为的本书的创新点。因此，在全面依法治国的新形势下，致力于时间的法哲学研究，有利于具体正义理论的深化，同时有利于通过提高司法效率来提升司法机关的公信力，有利于树立现代法律思维，更有利于法治精神的弘扬，从而让人民时刻感受到社会的公平正义。① 但是，我们又不得不承认，正义本身就是一个永恒的命题，需要我们不断地去接近，时间理论与政治哲学、社会学、伦理学和心理学等学科都有着或远或近的联系，抑于笔者的专业领域和篇幅的局限，没有做进一步的探讨，实属遗憾。

法律与时间问题是法律领域的边际性问题，并没有引起法学者太多的关注，本书试图从两者的紧密联系的实然上去论证该问题的必要性和重要性，更希望能够通过时间的设置去促进法律价值的实现，正如霍姆斯法官所言，"法律较为边际的方面和较为一般的方面，恰是人们应当普遍关注的。正是通过这些方面，你不仅成为你职业中的大师，而且还能把你的论题同大千世界联系起来，得到空间和时间上的共鸣、洞见到它深不可测的变化过程、领悟到普世性的规律"。② 本书算是对上述这段话的一种回应。"灯光在隧道的尽头"，一切都还在路上。

---

① 参见于兵：《法律视野中的时间范畴》，载《法制与社会发展》2004 年第 5 期，第 128~135 页。

② Holmes O W, "The Path of the Law", Harvard Law Review, 1997, Vol. 110, No. 5, pp. 991-1009.

参 考 文 献

一、中文专著

[1]《马克思恩格斯文集资料汇编》，人民出版社 2011 年版。

[2]《马克思恩格斯文集》(第 9 卷)，人民出版社 2009 年版。

[3]《马克思恩格斯文集资料汇编》，人民出版社 2011 年版。

[4]《习近平关于全面依法治国论述摘编》，中央文献出版社 2015 年版。

[5]陈昌曙：《哲学视野中的可持续发展》，中国社会科学出版社 2000 年版。

[6]程金生：《"空间"与永恒》，江西人民出版社 2004 年版。

[7]费孝通：《乡土中国》，北京大学出版社 2012 年版。

[8]冯玉军：《法律的成本效益分析》，兰州大学出版社 2000 年版。

[9]付子堂：《法律功能论》，中国政法大学出版社 1999 年版。

[10]何柏生：《数学精神与法律文化》，上海人民出版社 2005 年版。

[11]季卫东：《法律秩序的建构》，商务印书馆 2014 年版。

[12]季卫东：《通往法治的道路——社会的多元与权威体系》，法律出版社 2014
年版。

[13]姜明安：《行政法与行政诉讼法》，北京大学出版社、高等教育出版社 2005
年版。

[14]景天魁等：《时空社会学：理论和方法》，北京师范大学出版社 2012 年版。

[15]柯小刚：《海德格尔与黑格尔时间思想比较研究》，同济大学出版社 2004
年版。

[16]李龙：《人本法律观研究》，中国社会科学出版社 2006 年版。

［17］李龙主编：《法理学》，武汉大学出版社 2011 年版。

［18］李龙主编：《良法论》，武汉大学出版社 2005 年版。

［19］李龙主编：《人本法律观研究》，中国社会科学出版社 2006 年版。

［20］李龙主编：《西方法学经典命题》，江西人民出版社 2006 年版。

［21］李龙主编：《新中国法制建设的回顾与反思》，中国社会科学出版社 2004
年版。

［22］梁治平：《法辨：中国法的过去、现在与未来》，中国政法大学出版社 2002
年版。

［23］梁治平：《寻求自然秩序中的和谐》，中国政法大学出版社 1997 年版。

［24］梁治平编：《法律的文化解释》，生活·读书·新知三联书店 1994 年版。

［25］梁治平编：《法律解释问题》，法律出版社 1999 年版。

［26］廖奕：《法治中国的均衡螺旋：话语、思想与制度》，社会科学文献出版社
2014 年版。

［27］刘文英：《中国古代的时空观念》，南开大学出版社 2000 年版。

［28］刘雪斌：《代际正义论》，科学出版社 2010 年版。

［29］罗豪才：《行政法学》，北京大学出版社 2000 年版。

［30］庞正：《历史唯物主义法学形成的理论脉象》，南京师范大学出版社 2006
年版。

［31］瞿同祖：《中国法律与中国社会》，中华书局 1981 年版。

［32］史尚宽：《民法总论》，中国政法大学出版社 2000 年版。

［33］舒国滢：《时间结构中的法律》，载《在法律的边缘》，中国法制出版社 2000
年版。

［34］孙笑侠：《程序的法理》，商务印书馆 2005 年版。

［35］孙笑侠：《西方法谚精选》，法律出版社 2005 年版。

［36］汪天文：《社会时间研究》，中国社会科学出版社 2004 年版。

［37］汪天元：《时间理解论》，人民出版社 2008 年版。

［38］汪习根：《法治社会的基本人权——发展权的制度研究》，中国人民公安大
学出版社 2002 年版。

［39］汪习根主编：《权力的法治规约》，武汉大学出版社 2009 年版。

[40]王立胜：《重新认识毛泽东》，陕西人民出版社 2008 年版。

[41]王志刚：《社会主义空间正义论》，人民出版社 2015 年版。

[42]马治选主编：《马克思主义法律文化与法律价值》，法律出版社 2017 年版。

[43]李勇：《公证价值与实务研究》，法律出版社 2016 年版。

[44]文正邦主编：《法哲学研究》，中国人民大学出版社 2011 年版。

[45]吴国盛：《时间的观念》，中国社会科学出版社 1996 年版。

[46]吴经熊：《法律的三度论》，《法学论集》，台湾华冈出版有限公司 1977
年版。

[47]吴经熊：《法律哲学研究》，清华大学出版社 2005 年版。

[48]信春鹰主编：《全球化与多元法律文化》，社会科学文献出版社 2007 年版。

[49]熊炳元：《正义的成本：当法律遇上经济学》，东方出版社 2014 年版。

[50]徐亚文：《程序正义论》，山东人民出版社 2004 年版。

[51]杨春福等：《经济、社会和文化权利的法理学研究》，法律出版社 2014
年版。

[52]杨河：《时间概念史研究》，北京大学出版社 1998 年版。

[53]杨一平：《司法正义论》，法律出版社 1999 年版。

[54]於兴中：《法治东西》，法律出版社 2015 年版。

[55]姚建宗：《法治的生态环境》，山东人民出版社 2003 年版。

[56]姚建宗主编：《法理学》，科学出版社 2010 年版。

[57]张恒山：《法理要论》，北京大学出版社 2002 年版。

[58]张恒山：《正义与法律正义》，载法苑精萃编辑委员会编：《中国法理学精萃
（2003 年卷）》，机械工业出版社 2004 年版。

[59]张世明：《法律、资源与时空建构》，广东人民出版社 2012 年版。

[60]张文显：《二十世纪西方法哲学思潮研究》，法律出版社 2006 年版。

[61]张文显：《法哲学范畴研究》，中国政法大学出版社 2001 年版。

[62]张文显主编：《法理学》，高等教育出版社 2003 年版。

[63]郑成良：《法律之内的正义：一个关于司法公正的法律实证主义》，法律出
版社 2002 年版。

[64]周红阳：《时间、预期与法律——哈耶克法律思想研究》，科学出版社 2008

年版。

[65]周红阳:《预期与法律——朝向哈耶克的时间域》,法律出版社 2008 年版。

[66]周旺生主编:《法理学》,北京大学出版社 2007 年版。

[67]周文华:《论法的正义价值》,知识产权出版社 2008 年版。

[68]朱祥海:《利维坦法哲学》,沈阳出版社 2013 年版。

二、中文译著

[1][德]K. 茨威格特、H. 克茨:《比较法总论》,潘汉典译,中国法制出版社 2017 年版。

[2][德]恩斯特·波佩尔:《意识的限度:关于时间与意识的新见解》,北京大学出版社 2000 年版。

[3][德]弗里德里希·卡尔·冯·萨维尼:《法律冲突与法律规则的地域和时间范围》,李双元、张茂、吕国民、郑远民、程卫东译,法律出版社 1999 年版。

[4][德]古斯塔夫·拉德布鲁赫:《法哲学》,王朴译,法律出版社 2013 年版。

[5][德]海德格尔:《存在与时间》,陈嘉映、王庆节译,商务印书馆 2020 年版。

[6][德]康德:《纯粹理性批判》,李秋零译,人民出版社 2004 年版。

[7][德]考夫曼:《法律哲学》,刘幸义等译,法律出版社 2004 年版。

[8][英]哈特:《法律的概念》,许家馨、李冠宜译,法律出版社 2011 年版。

[9][德]克劳斯·黑尔德:《时间现象学的基本概念》,靳希平、孙周兴、张灯、柯小刚译,上海译文出版社 2009 年版。

[10][德]列宁:《论国家》,载《列宁选集(第 4 卷)》,人民出版社 1972 年版。

[11][法]皮埃尔·布尔迪厄:《论国家:法兰西公学院课程(1989—1992)》,生活·读书·新知三联书店 2023 年版。

[12][德]马克思:《黑格尔辩证法和哲学一般的批判》,贺麟译,上海人民出版社 2012 年版。

[13][德]尼克拉斯·卢曼:《法社会学》,宾凯,赵春燕译,上海人民出版社 2013 年版。

[14][德]施塔姆勒:《正义法的理论》,夏彦才译,商务印书馆 2012 年版。

[15][德]叔本华:《叔本华论生存与痛苦》,齐格飞译,上海人民出版社 2015
年版。

[16][法]路易·加迪:《文化与时间》,郑乐平、胡建平译,浙江人民出版社
1988 年版。

[17][法]孟德斯鸠:《论法的精神》,张雁深译,商务印书馆 2020 年版。

[18][法]孟德斯鸠:《论法的精神》,钟书峰译,光明日报出版社 2012 年版。

[19][法]让-弗朗索瓦·何维勒、马修·理查德:《僧侣与哲学家》,赖声川译,
华东师范大学出版社 2014 年版。

[20][古希腊]柏拉图:《理想国》,黄颖译,中国华侨出版社 2012 年版。

[21][古希腊]亚里士多德:《物理学》,徐开来译,中国人民大学出版社 2003
年版。

[22][美]埃尔曼:《比较法律文化》,贺卫方、高鸿钧译,三联书店 1990 年版。

[23][美]爱德华·W. 苏贾:《后现代地理学——重申批判社会理论中的空间》,
王文斌译,商务印书馆 2004 年版。

[24][美]保罗·皮尔逊:《时间中的政治:历史、制度与社会分析》,黎汉基、
黄佩璇译,江苏人民出版社 2014 年版。

[25][美]伯尔曼:《法律与宗教》,梁治平译,中国政法大学出版社 2003 年版。

[26][美]博登海默:《法理学:法律哲学与法律方法》,邓正来译,中国政法大
学出版社 1999 年版,第 31 页。

[27][美]弗里德里希:《超验正义:宪政的宗教之维》,周勇、王丽芝译,生
活·读书·新知三联书店 1997 年版。

[28][美]赫克曼、[美]尼尔森、[美]卡巴廷根:《全球视野下的法治》,高鸿
钧、鲁楠译,清华大学出版社 2014 年版。

[29][美]亨廷顿:《变化社会中的政治秩序》,三联书店 1989 年版,第 38 页。

[30][美]霍华德·里奇:《〈时间简史〉导读》,郑志丰译,湖南科学技术出版社
2006 年版。

[31][美]劳伦斯·H. 却伯:《弯曲的宪法空间——我们法律人能从现代物理学
中学到什么?》,张千帆编译,载《哈佛法律评论·宪法学精粹》,法律出版
社 2005 年版。

［32］［美］罗伯特·列文：《时间地图》，范东生、许俊农等译，安徽文艺出版社 2000 年版。

［33］［美］罗伯特·维纳：《人有人的用处——控制论与社会》，商务印书馆 1989 年 7 月版。

［34］［美］庞德：《法的新路径》，李立丰译，北京大学出版社 2016 年版。

［35］［美］庞德：《法理学（第二卷）》，封丽霞译，法律出版社 2007 年版。

［36］［美］庞德：《通过法律的社会控制——法律的任务》，沈宗灵译，商务印书馆 1984 年版。

［37］［美］赛德曼：《法律秩序与社会改革》，中国政法大学出版社 1992 年版。

［38］［美］史蒂文·J. 伯顿：《法律和法律推理导论》，张志铭、解兴全译，中国政法大学出版社 1998 年版。

［39］［美］约翰·罗尔斯：《正义论》，何怀宏、何包钢、廖申白译，中国社会科学出版社 2009 年版。

［40］［美］约翰·罗尔斯：《政治自由主义·导论》，译林出版社 2000 年版。

［41］［美］约翰·罗尔斯：《作为公平的正义：正义新论》，姚大志译，上海三联书店 2002 年版。

［42］［日］大沼保昭：《人权、国家与文明》，王志安译，生活·读书·新知三联书店 2003 年版。

［43］［日］速水佑次郎、神门善久：《发展经济学——从贫困到富裕》（第三版），李周译，社会科学文献出版社 2009 年版。

［44］［日］长谷部恭男：《法律是什么？法哲学的思辨旅程》，郭怡青译，中国政法大学出版社 2015 年版。

［45］［日］佐藤功：《比较政治制度》，刘庆林、张光博译，法律出版社 1984 年版。

［46］［瑞］亚历山大·佩岑尼克：《法律科学：作为法律知识和法律渊源的法律学说》，桂晓伟译，武汉大学出版社 2009 年版。

［47］［意］卡佩莱蒂：《福利国家与接近正义》，刘俊祥等译，法律出版社 2000 年版。

［48］［意］托马斯·阿奎那：《亚里士多德十讲》，苏隆编译，中国言实出版社

2003 年版。

[49][英]保罗·戴维斯:《关于时间》(中译本),吉林人民出版社 2002 年版。

[50][英]戴维·M. 沃克:《牛津法律大辞典》,李双元等译,法律出版社 2003 年版。

[51][英]丹宁勋爵:《法律的未来》,刘庸安、张文镇译,法律出版社 2011 年版。

[52][英]丹宁勋爵:《法律的正当程序》,李克强、杨百揆,刘庸安译,法律出版社 2015 年版。

[53][英]冯·哈耶克:《哈耶克哲学、社会科学论文集》,邓正来译,首都经济贸易大学出版社 2014 年版。

[54][英]弗里德里希·冯·哈耶克:《法律、立法与自由》,邓正来等译,中国大百科全书出版社 2000 年版。

[55][英]霍布斯:《利维坦》,黎思复、黎廷弼译,商务印书馆 2015 年版。

[56][英]霍金:《时间简史》,三联书店 1993 年版。

[57][英]雷蒙德·瓦克斯:《法哲学:价值与事实》,谭宇生译,译林出版社 2013 年版。

[58][英]卢梭:《社会契约论》,何兆武译,商务印书馆 2009 年版。

[59][英]罗素:《西方哲学史》(上卷),何兆武、李约瑟译,商务印书馆 1997 年版。

[60][英]瓦克斯:《法哲学:价值与事实》,谭宇生译,译林出版社 2008 年版。

[61][英]韦恩·莫里森:《法理学:从古希腊到后现代》,李桂林、李清伟、侯健、郑云端译,武汉大学出版社 2003 年版。

[62][英]休谟:《道德原则研究》,曾晓平译,商务印书馆 2010 年版。

[63][英]约翰·哈萨德:《时间社会学》,朱红文、李捷译,北京师范大学出版社 2009 年版。

三、中文论文

[1][奥]凯尔逊:《什么是正义》,耿淡如摘译,载《现代外国哲学社会科学文摘》1961 年第 8 期。

［2］冯鹏志：《时间正义与空间正义：一种新型的可持续发展伦理观》，载《自然辩证法研究》2004 年第 1 期。

［3］金敏慈：《自然正义与法律正义的博弈》，华东政法大学 2013 年硕士论文。

［4］曲晟：《论刑事司法领域下的法律正义与社会正义》，载《江淮论坛》2012 年第 2 期。

［5］王立峰：《法律正义：和谐社会的制度基石》，载《学习与探索》2010 年第 4 期。

［6］梁晓杰：《法律正义和正义美德》，载《道德与文明》2006 年第 6 期。

［7］任满军：《法律正义的理性视角》，载《时代法学》2006 年第 1 期。

［8］李慧兰：《关于正义与法律正义的思考》，载《湘潭大学学报（哲学社会科学版）》2005 年第 6 期。

［9］周旺生：《论作为高层次伦理规范的正义》，载《法学论坛》2003 年第 4 期。

［10］周旺生：《论作为第三种规范的法律正义》，载《政法论坛》2003 年第 4 期。

［11］周旺生：《论法律正义的成因和实现》，载《法学评论》2004 年第 1 期。

［12］邓红梅：《论法律正义的几个基本问题——兼与周旺生教授商榷》，载《学海》2005 年第 2 期。

［13］杨立新：《相得益彰：民法典司法解释的制定与完善》，载《法学论坛》2023 年第 6 期。

［14］臧峰宇：《从时间角度解读马克思政治哲学的正义维度》，载《北京行政学院学报》2009 年第 5 期。

［15］张乾友：《在场与缺席：一个正义分析框架》，载《中国人民大学学报》2014 年第 6 期。

［16］林育川：《正义的谱系——对分析马克思主义学派正义观的一种解读》，载《哲学研究》2013 年第 1 期。

［17］周光辉，赵闯：《跨越时间之维的正义追求——代际正义的可能性研究》，载《政治学研究》2009 年第 3 期。

［18］龚群：《罗尔斯与社群主义：普遍正义与特殊正义》，载《哲学研究》2011 年第 3 期。

［19］张恒山：《论正义和法律正义》，载《法制与社会发展》2002 年第 1 期。

［20］成伟：《代际交换之正义》，载《学术交流》2007 年第 4 期。

［21］熊继宁：《法律控制技术与社会正义的冲突》，载《中国法学》2001 年第 5 期。

［22］王锡锌：《正当法律程序与"最低限度的公正"》，载《法学评论》2002 年第 2 期。

［23］肖庆华：《论程序正义的实现》，载《兰州学刊》2007 年第 S1 期。

［24］汪丁丁：《正义与效率的冲突：法经济学的核心议题》，载《学术月刊》2006 年第 4 期。

［25］陈瑞华：《程序正义的理论基础》，载《中国法学》2000 年第 3 期。

［26］刘仁文：《刑法解释的时间效力》，载《北京观察》2002 年第 6 期。

［27］李永华：《论生态正义的理论维度》，载《中央财经大学学报》2012 年第 8 期。

［28］刘雪斌：《论一种作为公平的代际正义》，载《法制与社会发展》2006 年第 5 期。

［29］吴建雄：《论科学发展中的检察执法思想》，载《法学杂志》2009 年第 12 期。

［30］季卫东：《法治与选择》，载《中外法学》1993 年第 4 期。

［31］季卫东：《论法律试行的反思机制》，载《社会学研究》1989 年第 5 期。

［32］季卫东：《程序比较论》，载《比较法研究》1993 年第 1 期。

［33］钱小敏：《正当防卫的时间界限——情境化解读法律与现实的矛盾》，载《法制与社会》2008 年第 5 期。

［34］齐延平：《论正义化的法运作》，载《学习与探索》2000 年第 2 期。

［35］柳砚涛：《时间的控权功能探析》，载《社会科学辑刊》2007 年第 3 期。

［36］张利春：《现代法律思维时间面向的转换》，载《法制与社会发展》2008 年第 2 期。

［37］连洁，陈乃新：《法律时间论视野下的经济法调整对象》，载《南华大学学报（社会科学版）》2008 年第 2 期。

［38］王婷婷：《法律与时间》，苏州大学 2007 年硕士论文。

［39］张晓阳：《时间在法律上的意义》，载《吉林公安高等专科学校学报》2008 年第 4 期。

［40］李克俭：《〈劳动争议调解仲裁法〉的法律适用时间分析》，载《中国劳动》
2008 年第 9 期。

［41］喻中：《法律与时间》，载《博览群书》2008 年第 5 期。

［42］喻中：《法律与时间》，载《法制资讯》2011 年第 2 期。

［43］熊赖虎：《时间观与法律》，载《中外法学》2011 年第 4 期。

［44］方潇：《中国传统历法之法意及其对法律时间的影响》，载《法制与社会发
展》2010 年第 5 期。

［45］张学强：《个案申诉时间异法律法规时效同》，载《中国劳动》2005 年第
10 期。

［46］张华平：《电子合同成立的地点与时间及其法律效力研究》，载《平原大学学
报》2005 年第 1 期。

［47］曹旭峰，辜璟：《工伤赔偿时间难界定"老工伤"处理遭遇"冷暖两重天"——
"老工伤"女工张台英为争取工伤待遇遭遇的法律难题》，载《工友》2005 年
第 6 期。

［48］孙文恺：《亚里士多德正义分类的理论与现实基础》，载《河南师范大学学报
（哲学社会科学版）》2009 年第 4 期。

［49］冯世杰：《"众筹"网络融资平台运营模式的法律分析——以"点名时间"为
例》，载《金融法苑》2013 年第 2 期。

［50］张新军：《法律适用中的时间要素——中日东海争端关键日期和时际法问题
考察》，载《法学研究》2009 年第 4 期。

［51］徐波：《论工作时间的法律范围》，苏州大学 2010 年硕士论文。

［52］周晓中：《公共政策中的时间问题》，载《中共中央党校党报》2012 年第
2 期。

［53］邓肖潇，龚天平：《论亚里士多德关于正义的分类思想》，载《湖北文理学院
学报》2015 年第 01 期。

［54］李建明：《刑事错案的深层次原因——以检查环节为中心的分析》，载《中国
法学》2007 年第 3 期。

［55］左卫民：《"印证"证明模式反思与重塑：基于中国刑事错案的反思》，载《中
国法学》2016 年第 1 期。

［56］喻中：《民间法在制定法变迁中的功能》，载《四川师范大学学报（社会科学版）》2003 年第 5 期。

［57］姚建宗：《生活的场景与法治的向度》，载《吉林大学社会科学学报》2000 年第 1 期。

［58］何海波：《司法判决中的正当程序原则》，载《法学研究》2009 年第 1 期。

［59］林茂：《时空决定法律社会功能》，载《中国社会科学报》2016 年 6 月 22 日第006 版。

［60］何志鹏：《人权的全球化：概念与维度》，载《法制与社会发展》2004 年第4 期。

［61］黄嘉乐：《法律的时间维度：以基督教终末论为视角》，载《研究生法学》2008 年第 6 期。

［62］王学辉：《"雷洋案"呼唤执法正义》，载《中国经济报告》2016 年第 7 期。

［63］王立峰：《法律正义：和谐社会的制度基石》，载《学习与探索》2010 年第4 期。

［64］张世明：《中国大国空间的新历史法学透视》，载《中州学刊》2013 年第5 期。

［65］孙笑侠，应永宏：《程序与法律形式化》，载《现代法学》2002 年第 1 期。

［66］方潇：《中国传统历法之法意及其对法律时间的影响》，载《法制与社会发展》2010 年第 5 期。

［67］曹明德：《中国参与国际气候治理的法律立场和策略：以气候正义为视角》，载《中国法学》2016 年第 1 期。

［68］姚建宗：《法治的多重视界》，载《法制与社会发展》2000 年第 1 期。

［69］王娆，余辉：《从中国的"仁义"观和西方的"正义"观探析古代中西方的法律价值》，载《甘肃政法学院学报》1997 年第 1 期。

［70］刘杰：《日本宪法上的知情权与信息公开法》，载《法学家》2007 年第 3 期。

［71］熊继宁：《法律控制技术与社会正义的冲突——罗伯特·维纳的法律通迅控制模型及其悖论》，载《中国法学》2001 年第 5 期。

［72］马晶：《环境正义的法哲学研究》，吉林大学 2005 年博士论文。

［73］姚建宗：《法律视野中的时间范畴》，载《法制与社会发展》2004 年第 5 期。

[74]刘奔：《从唯物史观看科学和技术》，载《哲学研究》1998 年第 6 期。

[75]秦前红：《五四宪法草案初稿中国家主席制度的雏形》，载《中国法学》2014 年第 4 期。

[76]高其才，王晨光，冯泽周：《程序、法官与审判公正》，载《法学》2000 年第 8 期。

[77]张睿：《行政自由裁量权的法哲学探究——以"选择性执法"作为研究视角》，载《思想战线》2008 年第 4 期。

[78]徐文星：《警察选择性执法之规范》，载《法律科学》2008 年第 3 期。

[79]王锡锌：《自由裁量与行政正义》，载《中外法学》2002 年第 4 期。

[80]黄小勇：《行政的正义——兼对"回应性"概念的阐释》，载《中国行政管理》2000 年第 12 期。

[81]麻宝斌：《社会正义何以可能》，载《吉林大学社会科学学报》2006 年第 4 期。

[82]黄泽勇：《行政公正的概念和实质》，载《行政论坛》2006 年第 1 期。

[83]史瑞杰，于杰：《论政府正义的提出及其现实意义》，载《中国行政管理》2010 年第 9 期。

[84]胡肖华：《行政诉讼目的论》，载《中国法学》2001 年第 6 期。

[85]郭明瑞：《关于民法总则中时效制度立法的思考》，载《法学论坛》2017 年第 1 期。

[86]高圣平：《诉讼时效立法中的几个问题》，载《法学论坛》2015 年第 2 期。

[87]徐显明：《司法改革二十题》，载《法学》1999 年第 9 期。

[88]姚尚建：《城市治理：空间、正义与权利》，载《学术界》2012 年第 4 期。

[89]姚大志：《超越正义与权利——评美国新自由主义》，载《社会科学战线》1998 年第 5 期。

[90]彭诚信：《从利益到权利——以正义为中介与内核》，载《法制与社会发展》2004 年第 5 期。

[91]康健：《社会伦理：权利与正义》，载《理论视野》2001 年第 1 期。

[92]欧阳景根：《分配正义、权利正义与权力的正当性——从司法审查的视角看罗尔斯与诺齐克的正义之争》，载《文史哲》2006 年第 3 期。

［93］李惠斌：《权利与正义是经典作家留给我们的重大研究课题》，载《北京行政学院学报》2013 年第 4 期。

［94］何建华：《正义是什么：效用、公平、权利还是美德》，载《学术月刊》2004年第 10 期。

［95］高兆明：《平等权利：正义的核心》，载《探索与争鸣》2011 年第 11 期。

［96］罗克全：《权利应得——分配原则的正义基础》，载《吉林大学社会科学学报》2009 年第 3 期。

［97］梁展：《正义、自由和权利的东西方博弈——"东西方政治价值观深层沟通的可能性"国际学术研讨会综述》，载《哲学动态》2008 年第 3 期。

［98］王立：《正义：在权利和平等之间——论德沃金的正义理论》，载《学习与探索》2014 年第 8 期。

［99］李海滢，王立峰：《执法正义：法治政府的价值理念》，载《社会科学研究》2012 年第 5 期。

［100］熊赖虎：《时间观与法律》，载《中外法学》2011 年第 4 期。

［101］舒国滢：《由法律的理性与历史性考察看法学的思考方式》，载《思想战线》2005 年第 4 期。

［102］张利春：《现代法律思维时间面向的转换》，载《法制与社会发展》2008 年第 2 期。

［103］张新军：《法律适用中的时间要素——中日东海争端关键日期和时际法问题考察》，载《法学研究》2009 年第 4 期。

［104］周光权：《量刑规范化：可行性与难题》，载《法律适用》2004 年第 4 期。

四、外文文献

［1］Ackerman B，"Temporal Horizons of Justice"，*Journal of Philosophy*，1997，Vol. 94，No. 6.

［2］Amartya Sen，*Rationality and Freedom*，Harvard University Press，2004.

［3］Bebr G，"Preliminary Rulings of the Court of Justice：Their Authority and Temporal Effect"，*Common Market Law Review*，1981，Vol. 18，No. 4.

［4］Berger V，"Justice Delayed or Justice Denied？—A Comment on Recent Proposals to Reform Death Penalty Habeas Corpus", *Columbia Law Review*, 1990, Vol. 90, No. 6.

[5] Cooper J A G, Mckenna J., "Social Justice in Coastal Erosion Management: The Temporal and Spatial Dimensions", *Geoforum*, 2008, Vol. 39, No. 1.

[6] D'Amato A, *On the Connection between Law and Justice*, Social Science Electronic Publishing, 2011.

[7] Dworkin, *Ronald. Law's Empire*, Cambridge: Harvard University Press, 1986.

[8] Fitzpatrick T. Time, *Liberal Justice and UK Social Policiesv*, University of Nottingham, 2008.

[9] Goodin R E, "Temporal Justice", *Journal of Social Policy*, 2010, Vol. 39, No. 1.

[10] Gould J B, "Justice Delayed or Justice Denied? A Contemporary Review of Capital Habeas Corpus", *Justice System Journal*, 2008, Vol. 29, No. 3.

[11] H. L. A. Hart, *The Concept of Law*, Clarendon Press, 1994.

[12] Henckel D, Thomaier S, "Temporal Efficiency, Temporal Justice and Urban Mobility", *in Understanding Mobilities for Designing Contemporary Cities*, Springer, 2016.

[13] Howlett, M, Goetz, K. H, "Introduction: Time, Temporality and Timescapes in Administration and Policy", *International Review of Administrative Sciences*, 2014, Vol. 80, No. 3.

[14] Kachka B, "Prime-Time Justice", *New York Magazine*, 2005.

[15] Kelly C. Law, "Justice and Providence in VI", *Paradiso*, 2016.

[16] Koehler, G, "Time, Complex Systems and Public Policy: A Theoretical Foundation for Adaptive Policy Making. Nonlinear Dynamics", *Psychology and Life Sciences*, 2003, Vol. 70, No. 1.

[17] Luhmann, Niklas, *Introduction to Systems Theory*, Cambridge: Polity Press, 2013.

[18] Luhmann, Niklas, *Law as a Social System*, Oxford University Press, 2004.

[19] Machura S, "Introduction: Procedural Justice, Law and Policy", *Law & Policy*,

1998, Vol. 20, No. 1.

[20] Moore M S, "Law as Justice", *Social Philosophy and Policy*, 2001, Vol. 18, No. 1.

[21] Nobles R, Schiff D, "Luhmann: Law, Justice, and Time", *International Journal for the Semiotics of Law-Revue Internationale de Sémiotique Juridique*, 2014, Vol. 27, No. 2.

[22] Petrovi, Vladimir, *Exploring Temporal Dimensions in Transitional Justice Processes-Berber Bevernage*, *History*, *Memory*, *and State-sponsored Violence*, Routledge, 2012.

[23] Richard Nobles, "David Schiff. Luhmann: Law, Justice, and Time", *Int J Semiot Law*, 2014.

[24] Robert Hockett, "Justice in Time", *The George Washington Law Review*, 2009.

[25] Stovba A, "Temporal Ontology of Law", *Law of Ukraine*, 2013.

[26] Tur, Richard, "Time and law", *Oxford Journal of Legal Studies*, 2002, No. 22.

[27] Wissenburg M, "Temporal Justice, Youth Quotas and Libertarianism", Radboud University Nijmegen, 2015.

[28] Wonders N A, "Just-in-Time Justice: Globalization and the Changing Character of Law, Order, and Power", *Critical Criminology*, 2016, Vol. 24, No. 2.

[29] [日] 千葉正士:《法と時間》, 信山出版社 2003 年版。

五、法律法规及其他

[1]《中华人民共和国宪法(2018 年修正)》, 全国人民代表大会, 2018 年。

[2]《中华人民共和国民法典》, 全国人大常委会, 2021 年。

[3]《中华人民共和国刑法(1997 年修订)》, 全国人民代表大会, 1997 年。

[4]《中华人民共和国民事诉讼法(2023 年修正)》, 全国人大常委会, 2023 年。

[5]《中华人民共和国刑事诉讼法(2018 年修正)》, 全国人民代表大会, 2018 年。

[6]《公安机关办理刑事案件程序规定(2012 年修订)》, 公安部令(第 127 号), 2012 年。

[7]《最高人民法院关于〈中华人民共和国刑法修正案(八)〉时间效力问题的解

释》，2011年4月25日。

［8］《习近平：决胜全面建成小康社会　夺取新时代中国特色社会主义伟大胜利——在中国共产党第十九次全国代表大会上的报告》，载中华人民共和国教育部官网，http：www.moe.gov.cn/jyb-xwfb/xw-zt/moe＿357/jyzt-2017nztzl/17zt11_yw/201710/t20171031_317898.html。

［9］《习近平：高举中国特色社会主义伟大旗帜　为全面建设社会主义现代化国家而团结奋斗——在中国共产党第二十次全国代表大会上的报告》，载中华人民共和国中央人民政府官网，https：//www.gov.cn/xinwen/2022-10/25/content_5721685.htm。

［10］联合国官方网站：http：//www.un.org/sustainabledevelopment/zh/peace-justice/#。

［11］中华人民共和国统计局网站：http：//www.stats.gov.cn/。

后　记

　　人生就是一个不断地选择和被选择的过程，而过程中的每一步于我而言都是一次历练和成长。从选择报考博士，到有幸被导师录取，再到顺利写完毕业论文。一路上有太多的人要感谢，有太多的情绪累积于心，难以忘怀。本书能最终完成，首先得感谢尊敬的已仙逝的导师李龙先生。回望来路，潸然泪下。李先生专业功底深厚，他常教导学生要把"复杂问题简单化"，"研究中国问题，写中国文章"，并坚持给学生授课，同时亲自辅导和督促学生的学习。李先生对学术孜孜以求，笔耕不辍，让学生深受激励和鼓舞。可以说，无论是在专业修养上，还是在学术造诣上，先生都是学生的楷模。同时，先生宽厚豁达的人生态度也让学生深受启迪。此外，法理教研室的汪习根老师、徐亚文老师、廖奕老师和张万洪老师等从专业学习到毕业论文撰写，也给予了我很多耐心的指导和细致的修改意见，在此对他们致以深深的敬意与谢意。当然，一起奋斗的师兄弟、师姐妹和室友对我的关心和帮助也是我能顺利完成论文的不竭动力，谢谢你们。

　　从 2007 年硕士毕业，到 2014 年重返校园学习，到现在博士毕业论文完成，确实有"十年磨一剑"之感。读博期间，除了专业上的积累和提高以外，我最大的收获就是认识了很多优秀的同学和朋友。从他们身上我看到了自己的不足和应该努力的方向。相信读博的历练将是我人生的一笔重要财富，会让我满怀信心更加坚毅地前行。当然，论文的完成也离不开家人的鼓励和支持，没有家人的全心全意付出，作为一个母亲、妻子、女儿和儿媳妇的我是无法安心地学习并完成学业的，谢谢你们！特别是我懂事的孩子，让我更加深刻地理解了生命和成长的意义。读博期间，在学校和家之间往返奔波的路上，我确实错过了很多与家人朝夕相处的美好，但这种距离感和遗憾，让我更加珍惜家人以及与家人相处的时光，让我更加明白了家的含义和人生的方向。

三年的读博时光转瞬即逝，我还要感谢武汉大学，营造了积极向上的学术氛围，并给予了我安静美好的学习生活环境。武大的校训"自强、弘毅、求是、拓新"已经镌刻在脑海，武大的青山绿水已经印记到我的心里。所有的一切让我遇见了更好的自己，使我更加淡定从容地面对未来："笑看天边云卷云舒，静观庭前花开花落。"未来的我将怀着一颗感恩的心，继续勇往直前。

本书是在我博士论文的基础修改完善而来的，在本书的出版过程中，要特别感谢单位领导、同事的支持。同时，还要感谢武汉大学出版社社长林莉女士的帮助与支持。